Guía de Estudio

para

El Camino del Calvario

Edición del Maestro

De
Pastor Jeremy Markle

Por
El Camino del Calvario
de
Roy Hession

Los Ministerios de Caminando en la PALABRA
Misionero/Pastor Jeremy Markle
www.walkinginthewordministries.net

Una
Guía de Bosquejo
para
El Camino del Calvario

Está guía de bosquejo fue complido por
Pastor Jeremy Markle
del libro de Roy Hession, El Camino del Calvario
© CTC, Colombia, Bogotá, D.C., Colombia
1993.
Usado con permiso del Roy Hession Trust,
Escocia.

El texto Bíblico ha sido tomado de la versión Reina-Valera
© 1960 Sociedades Bíblicas en América Latina
© renovado 1988 Sociedades Bíblicas Unidas.
Utilizado con permiso.

Publicado por Los Ministerios de Andando en la PALABRA
Walking in the WORD Ministries
www.walkinginthewordministries.net

Impreso en los Estados Unidos.

ISBN: 978-0692523896

Prólogo

Esta guía en forma de bosquejo fue escrita para mejorar su capacidad de comprender, recordar, y aplicar las verdades espirituales importantes compartidas por Roy Hession en su libro *El Camino del Calvario*. Después de leer cada capítulo, puede revisar su contenido por llenar los blancos, tomar en cuenta los pasajes adicionales proporcionados, y responder a las preguntas dadas bajo Reflexión y Aplicación. A lo largo de esta guía de bosquejo hay algunas características especiales que le ayudarán a centrarse en las verdades que se enseñan:

Las citas del texto - Las citas largas y cortas que se toman directamente del texto se proporcionan para enfatizar las verdades espirituales que se enseñan.

Las citas bíblicas y referencias - Numerosas citas bíblicas y referencias de los versículos del texto se dan en el bosquejo para tomar en cuenta la consideración personal de la autoridad de la Palabra de Dios por cada tema.

Las citas bíblicas adicionales - Las citas bíblicas adicionales que no se mencionan en el texto se han citado en las cajas tituladas "Verdad Adicional," y aumentan el tema mencionado.

Las referencias bíblicas adicionales - Las referencias adicionales de las Escrituras que no se mencionan en el texto se han impreso en cursiva a través del bosquejo y pueden ser vistas para mejorar la comprensión del tema mencionado.

Las preguntas de reflexión y aplicación - Las preguntas en las cajas tituladas *Reflexión y Aplicación* se proporcionan a través del bosquejo para tomar en cuenta la aplicación personal y práctica de lo que se ha aprendido.

Esta guía de bosquejo se publica en dos ediciones. La Edición del Maestro tiene ya cada espacio lleno para ayudarlo durante la instrucción pública. La Edición del Estudiante tiene espacios en blanco que se pueden llenar en un ambiente de grupal o de forma individual durante el estudio personal.

Es mi más profundo deseo de que esta guía de bosquejo sea una ayuda práctica, dirigiendo sus ojos espirituales hacia Jesucristo a través de las verdades espirituales importantes que se encuentran en *El Camino del Calvario*.

Pastor Jeremy Markle

Indice

El Camino del Calvario

Guía por Bosquejo

Capitulo 1

El Quebrantamiento

El Quebrantamiento

"Queremos ser muy sencillos al hablar de avivamiento. Avivamiento es, nada más y nada menos que la vida de nuestro Señor Jesús derramada en los corazones humanos, quien es siempre victorioso, y por lo cual, en el cielo le están alabando sin cesar. Nosotros podemos vivir experiencias ya sea de fracaso o de aridez espiritual, pero Él nunca es derrotado, y su poder no tiene límites. Sólo necesitamos tener una buena relación con Él para ver su poder demostrado en nuestros corazones, en nuestras vidas, y en nuestro servicio. Así su vida victoriosa nos llenará, y se desbordará sobre nosotros. Esto es en esencia lo que quiere decir avivamiento."

Verdad Adicional

Salmo 51:17
*17 Los sacrificios de Dios
son el espíritu quebrantado;
Al corazón contrito y humillado no despreciarás tú,
oh Dios.*

Gálatas 2:20
*20 Con Cristo estoy juntamente crucificado,
y ya no vivo yo, mas vive Cristo en mí;
y lo que ahora vivo en la carne,
lo vivo en la fe del Hijo de Dios,
el cual me amó y se entregó a sí mismo por mí.*

I.   El quebrantamiento origina el avivamiento (la vida victoriosa)

A.   El quebrantamiento es ...

   1.   <u>Doloroso</u>

   2.   <u>Humillante</u>

"Es ser, *no yo, sino Cristo*, Gálatas 2:20. El yo tiene que doblegarse ante Cristo, quien no puede vivir plenamente en nosotros y revelarse a sí mismo por medio nuestro hasta que ese *yo* duro y soberbio ... al fin baja la cabeza ante la voluntad de Dios ... En otras palabras, es el hecho de morir al *yo* y al deseo de poseerlo todo para sí mismo."

B.   El quebrantamiento elimina ...

1.   Que se <u>justifica</u> (auto-justificación)
2.   Que <u>quiere</u> hacer siempre su voluntad (auto-dependencia)
3.   Que <u>reclama</u> sus derechos
4.   Que <u>busca</u> su propia gloria

C.   El quebrantamiento implementa ...

*"... baja la cabeza ante la voluntad de Dios ..."

1.   Admite su <u>error</u>
2.   Rinde su <u>voluntad</u> a la de Él
3.   Entregando sus <u>derechos</u>
4.   Despojándose de su propia <u>gloria</u>

Reflection & Application

✎¿Cuáles son algunas maneras en que el quebrantamiento puede ser demostrado en casa, trabajo, iglesia, etc.?

_____

_____

_____

II. La evidencia de la necesidad del quebrantamiento

A. "Yo <u>trato</u>" de vivir la vida cristiana
B. "Yo <u>trato</u>" de hacer la obra cristiana
C. Se <u>irrita</u>
D. <u>Envidioso</u>
E. Se <u>resiste</u>
F. <u>Critica</u>
G. Se <u>incomoda</u>
H. Se <u>preocupa</u>
I. Es <u>duro</u> ... hacia los demás
J. Sin <u>compasión</u> hacia los demás
K. <u>Esquivo</u>
L. <u>Egoísta</u>
M. <u>Reservado</u>

"... todo el fruto del Espíritu
... es completamente opuesto a ese espíritu duro
y no quebrantado de nosotros."

Gálatas 5:22-26
*22 Mas el fruto del Espíritu es amor, gozo, paz,
paciencia, benignidad, bondad, fe,
23 mansedumbre, templanza;
contra tales cosas no hay ley.
24 Pero los que son de Cristo
han crucificado la carne
con sus pasiones y deseos.
25 Si vivimos por el Espíritu,
andemos también por el Espíritu.*

26 No nos hagamos vanagloriosos,
irritándonos unos a otros,
envidiándonos unos a otros.

"El quebrantamiento es obra tanto de Dios como de nosotros. Él nos deja oír su voz, pero a la vez nos permite escoger ... debemos decidir, o endurecer la cerviz rehusando arrepentirnos, o inclinar la cabeza y decir: "Sí Seño.r" Ser quebrantado cada día es sencillamente, la humilde respuesta a la continua acusación de Dios ... Esto puede resultarnos my caro a medida que veamos cuánto tenemos que rendir de nuestros propios derechos e intereses, además de la confesión y restitución que muchas veces son necesarias."

Reflection & Application

✎¿Cuáles son algunas formas de vivir que de por sí necesitan arrepentirse?

_____

_____

_____

III. El ejemplo del quebrantamiento de Jesucristo
"La buena voluntad que Él mostró para ser quebrantado por causa nuestra, es lo que nos debe motivar a ser quebrantados."

Filipenses 2:5-8
5 Haya, pues, en vosotros este sentir
que hubo también en Cristo Jesús,

6 el cual, siendo en forma de Dios,
no estimó el ser igual a Dios
como cosa a que aferrarse,
7 sino que se despojó a sí mismo,
tomando forma de siervo,
hecho semejante a los hombres;
8 y estando en la condición de hombre,
se humilló a sí mismo,
haciéndose obediente hasta la muerte,
y muerte de cruz.

A.   Jesús tomó la forma de <u>siervo</u>
     II Corintios 4:5
   1.   Siervo de <u>Dios</u>
   2.   Siervo de los <u>hombres</u>
B.   Jesús renuncia a todos Sus <u>derechos</u>
     *Salmo 22:6
C.   Jesús no devolvió maldición por <u>maldición</u>
     "... a ser pisoteado por los hombres sin defenderse."
     *I Pedro 2:21-24
D.   Jesús fue la <u>víctima</u> sacrificial de los hombres
     Romanos 5:6-8

Salmo 22:6
6 Mas yo soy gusano, y no hombre;
Oprobio de los hombres, y despreciado del pueblo.

"La serpiente se endereza y trata de morder (un verdadero cuadro del yo), mientras que el gusano no ofrece ninguna resistencia, dejándose hacer lo que a uno se le antoje; ya sea chusarlo o pisotearlo (un verdadero cuadro del espíritu quebrantado). Eso estuvo dispuesto Jesús a ser por nosotros ... Ahora nos llama para tomar nuestro verdadero lugar, como gusanos delante de Él y para Él."

13

"Padre, doblega mi soberbia y dureza,
y ayúdame a inclinar mi cabeza,
y morir mirando a Aquel quien en el Calvario
inclinó la suya por mí."

Verdad Adicional

Juan 19:30
30 Cuando Jesús hubo tomado el vinagre, dijo:
Consumado es.
Y habiendo inclinado la cabeza, entregó el espíritu.

Verdad Adicional

II Corintios 5:14-15
14 Porque el amor de Cristo nos constriñe,
pensando esto:
que si uno murió por todos, luego todos murieron;
15 y por todos murió,
para que los que viven, ya no vivan para sí,
sino para aquel que murió y resucitó por ellos.

IV. El quebrantamiento constante

A. Puede haber un <u>comienzo</u> para morir a él [al yo] cuando por primera vez Dios nos muestre algunas cosas
   II Corintios 7:8-11

B. De ahí en adelante esta experiencia deberá ser <u>constante</u>
   II Corintios 4:10-11

14

1. Dar a Dios mi ...
   a. Planes
   b. Tiempo
   c. Dinero
   d. Placer
2. Dar a los demás mi ... por causa de Dios
   a. Derecho
      "Significa también, una permanente entrega de nuestro ser a los que nos rodean. Nuestra entrega a Dios se mide por nuestra entrega a los demás"
   b. Humildad
      "... cada persona que trata de vejarnos y humillarnos es el instrumento que Dios usa para quebrantarnos con el fin de que haya un canal más hondo para la vida de Cristo."

"La única vida que agrada a Dios y que puede ser victoriosa es la vida de Cristo, de ninguna manera la nuestra; no importa cuánto nos esforcemos para agradarle. Mientras nuestra vida esté centrada en el yo, lo cual es totalmente opuesto a Él, nunca podremos reflejar su vida en nosotros a menos que estemos preparados por Dios para morir constantemente y decidir hacer siempre su voluntad divina."

Reflection & Application

✎¿Cuáles son algunas formas de vivir que de por sí necesitan arrepentirse?

_____

El Camino del Calvario
Guía por Bosquejo

Capitulo 2

Copas Rebosantes

Copas Rebasantes

"Avivamiento es una plenitud absoluta y rebosante del Espíritu Santo, cuyo resultado es una vida victoriosa ... Lo único que tenemos que hacer es presentarle nuestro ser vacío y quebrantado para que Él lo llene y lo conserve así. Andrés Murray dijo: 'como el agua siempre busca llenar los lugares bajos, así también cuando Dios le halle humillado y vacío le inundará con su gloria y poder'. Un cuadro que ha servido de modelo para tantos de nosotros es el del corazón humano como una copa que ofrecemos a Jesús deseando que la llene con el agua de vida. A medida que va pasando mira nuestra copa, si está limpia la llena hasta rebosar. Como Él constantemente está pasando, la copa puede permanecer rebosante."

Verdad Adicional

I Juan 4:6-16 (10-11, 13-15)
*10 En esto consiste el amor:
no en que nosotros hayamos amado a Dios,
sino en que él nos amó a nosotros, y envió a su Hijo
en propiciación por nuestros pecados.
11 Amados, si Dios nos ha amado así,
debemos también nosotros amarnos unos a otros.
13 En esto conocemos que permanecemos en él,
y él en nosotros, en que nos ha dado de su Espíritu.
14 Y nosotros hemos visto y testificamos
que el Padre ha enviado al Hijo,
el Salvador del mundo.
15 Todo aquel que confiese
que Jesús es el Hijo de Dios,
Dios permanece en él, y él en Dios.*

I. La única cosa que impide el llenado espiritual: El pecado

"Todo lo que nace del *yo*, por muy pequeño que nos parezca es pecado."

A. Trabajar en el poder del yo
B. Jactarse de su trabajo
C. Autocompasión
D. Buscar el beneficio propio
   1. En negocios
   2. En la obra del Señor
E. Indulgencia
F. Susceptibilidad
G. Impaciencia
H. Delicadeza
I. Resentimiento
J. Preocuparse mucho de sí mismo
K. Timidez
L. Angustia
M. Miedo

"... Todo esto proviene del *yo*, y es pecado que ensucia nuestras copas."

"Todos nuestros pecados fueron puestos en la copa que por unos momentos nuestro Señor Jesucristo quiso evitar en el Getsemaní cuando exclamó: Padre, si quieres pasa de mí esta copa, pero de la cual bebió hasta el final. La copa de nuestro pecado. Por ese acto fuimos librados de la pena del pecado, aunque no de la naturaleza del pecado. Si permitimos que Él nos muestre lo que hay en nuestras copas, y se las entregamos, las limpiará con su sangre preciosa."

Salmo 119:9, II Timoteo 2:19-21, I Juan 1:7-10

Reflection & Application

✎¿Cuáles son algunas maneras en que nuestro vaso espiritual puede convertirse en sucio durante un día?

_____

_____

_____

II. La fuente de la limpieza constante: La <u>Sangre</u> de Cristo

"... supongamos que usted ha dejado al Señor Jesús limpiar su copa, y ha confiado en Él para llenarla hasta rebosar; luego algo sucede–envidia, enojo, etc.–¿Que pasa? Su copa se ensucia y deja de rebosar. Si constantemente somos derrotados de esta manera, nuestra copa nunca estará rebosando."

"Para experimentar un avivamiento continuo, tenemos que aprender a mantener nuestras copas limpias."

Verdad Adicional

I Juan 1:7, 9
7 pero si andamos en luz, como él está en luz,
tenemos comunión unos con otros,
y la sangre de Jesucristo su Hijo
nos limpia de todo pecado.
9 Si confesamos nuestros pecados,
él es fiel y justo para perdonar nuestros pecados,
y limpiarnos de toda maldad.

A. El <u>regreso</u> constante al Calvario

"... creemos de nuevo en el poder de la sangre de Jesús para limpiarnos momento tras momento, confesando el pecado y creyendo que por esa sangre hemos sido limpiados ... Mientras más confíe usted en la sangre de Jesús, menores serán sus posibilidades de pecar.."

B. El <u>quebrantamiento</u> constante por el pecado

"Supongamos que ciertas cosas, a veces tonterías de algunas personas nos irritan; no es suficiente llevar nuestra irritación al Calvario. Primeramente debemos ser quebrantados y confesarla a Dios aceptando a quien nos irrita como la voluntad de él para nosotros ... Y cuando hayamos sido limpiados, no sigamos gimiendo sobre el asunto ni confiando en nosotros mismos, sino miremos a nuestro victorioso Señor y alabémosle porque Él todavía es victorioso."

Reflection & Application

✎¿Cómo puede usted rápidamente volver al Calvario cuando el pecado entre en su vida durante el día?

_____

III. **La prueba (el árbitro) de una vida sucia: La <u>paz</u>**

" Todo lo que perturbe la paz de Dios en nuestros corazones es pecado aunque parezca algo muy insignificante, o no parezca pecado."

Colosenses 3:15

15 Y la paz de Dios gobierne en vuestros corazones,
a la que asimismo fuisteis llamados
en un solo cuerpo;
y sed agradecidos.

A. Si hemos <u>perdido</u> nuestra paz, ... es obvio que somos culpables [de pecado]
   Salmo 32:3-4

B. La paz nos será <u>restaurada</u> [cuando] ... hemos sido quebrantados
   Salmo 32:1-11, 51:1-19

   1. Confesión - "Ojalá <u>paremos</u> inmediatamente y le pidamos que nos muestre la falta ..."
      Salmo 139:23-24

   2. Limpieza - "... la <u>pongamos</u> por fe bajo la sangre de Jesús ..."

   3. Corrección - "... la paz nos será <u>restaurada</u>, siguiendo así nuestro camino con copas rebosantes."

"Si Dios no nos da su paz, es porque no hemos sido quebrantados. Quizá tengamos que confesar y pedir perdón a alguien y no solamente a Dios. O quizá creemos que la culpa es de la otra persona y no nuestra. Pero si hemos perdido nuestra paz, es obvio que somos culpables, pues no la perdemos por el pecado de otra persona sino solamente por el nuestro."

Verdad Adicional

Proverbios 28:13
13 El que encubre sus pecados no prosperará;
Mas el que los confiesa
y se aparta alcanzará misericordia.

"Muchas veces al día y en relación con las cosas más pequeñas tendremos que confesar creyendo que la sangre de Jesús nos limpia, y hallaremos que estamos andando en el camino del quebrantamiento como nunca antes. De esa manera Jesús será manifestado en toda su belleza y gracia."

"Muchos de nosotros no hemos atendido al frecuente pito del Árbitro por largo tiempo, llegando a ser endurecidos hasta el punto de que ya no lo oímos. Un día sigue al otro, y no sentimos la necesidad de ser limpiados ni quebrantados. En tal condición llegamos a ser peores de lo que hemos imaginado. Será necesario que se apodere de nuestros corazones un hambre apremiante de renovar la comunión con Dios, para pedirle que nos muestre el pecado que debemos confesar. Puede ser que al comienzo Él nos muestre una sola cosa. Él primer peldaño para un avivamiento en nosotros, será nuestro quebrantamiento y obediencia para confesar tal cosa. Así, una vez más podremos dar gracias por la sangre preciosa de Jesús derramada para limpiarnos de todo pecado."

Reflection & Application

✎¿Cuáles son algunas evidencias de la paz perdida en su vida?

_____

_____

_____

Reflection & Application

✎¿Cómo puede conseguir la paz de Dios en su vida?

_____

_____

_____

El Camino del Calvario
Guía por Bosquejo

Capitulo 3

El Camino de la Comunión

El Camino de la Comunión

"Cuando el hombre cayó en pecado y escogió hacer de sí mismo el centro de su vida en lugar de Dios, el resultado fue la pérdida de comunión no sólo con su Hacedor, sino también con sus semejantes ... La caída del hombre quiere decir sencillamente: ... cada cual se apartó por su camino ... Isaías 53:6. Si quiero hacer mi propia voluntad en lugar de la de Dios, es obvio que también desearé hacer mi voluntad en lugar de la de otros ... Un mundo en el que cada uno desea hacer su propia voluntad, no puede ser menos que un mundo lleno de tensiones, barreras, sospechas, malas interpretaciones, disgustos y conflictos."
*Santiago 4:1-3

"La obra de nuestro Señor Jesucristo en la cruz se efectuó no sólo para poner al hombre en comunión con Dios, sino también con su prójimo."

I Juan 2:9, 3:14-15, 4:20
2:9 El que dice que está en la luz,
y aborrece a su hermano,
está todavía en tinieblas.
3:14 Nosotros sabemos que hemos pasado
de muerte a vida,
en que amamos a los hermanos.
El que no ama a su hermano, permanece en muerte.
15 Todo aquel que aborrece a su hermano
es homicida;
y sabéis que ningún homicida tiene vida eterna
permanente en él.
4:20 Si alguno dice: Yo amo a Dios,
y aborrece a su hermano, es mentiroso.
Pues el que no ama a su hermano a quien ha visto,
¿cómo puede amar a Dios a quien no ha visto?

"Algunos de nosotros hemos llegado a ver cuán relacionados están el trato del hombre con su prójimo y su relación con Dios. Todo lo que constituya una barrera entre nosotros y nuestro

El Camino del Calvario - Guía por Bosquejo
El Camino de la Comunión

prójimo, por insignificante que parezca, viene a ser una barrera entre nosotros y Dios. Si no derribamos dicha barrera inmediatamente, ésta se fortificará llegando a ser un verdadero muro entre nosotros y Dios, y por consiguiente entre nosotros y nuestro hermano. Nuestra nueva vida tendrá que manifestarse por una vida de perfecta comunión entre nosotros y Dios y entre nosotros y nuestro hermano."

I. Luz y Tinieblas

"¿Cómo podemos tener perfecta comunión con Dios y también con nuestro hermano?"

I Juan 1:7
7 pero si andamos en luz, como él está en luz,
tenemos comunión unos con otros,
y la sangre de Jesucristo su Hijo
nos limpia de todo pecado.

A. La luz revela las cosas

"Cualquier cosa que nos reprenda y que nos haga ver la verdad acerca de nosotros es luz ..."
Juan 3:19-21

Efesios 5:13
13 Mas todas las cosas,
cuando son puestas en evidencia por la luz,
son hechas manifiestas;
porque la luz es lo que manifiesta todo.

B. Las tinieblas esconde las cosas

"Cualquier cosa que hagamos, digamos, o callemos con el fin de esconder los que somos o lo que hacemos, es tinieblas."
Génesis 3:6-11

"La primera reacción que produce el pecado en nosotros, es el deseo de ocultarlo para que los demás no sepan lo que verdaderamente somos."

"En contraste con todo lo que hemos visto que hay en nosotros, el versículo 5 de este mismo capítulo dice que Dios es luz, lo cual indica que Él es el que se revela a sí mismo tal como en realidad es."

"Sobra además decir, que es totalmente imposible para nosotros creer que andando "un poco"en tinieblas podemos tener comunión con Dios o con nuestro hermano. Mientras estemos andando en ese supuesto "poco" de tinieblas, no podemos ser plenamente francos con ninguno de ellos; pues nadie puede tener perfecta comunión con alguien que aparenta ser lo que no es. Mientras estemos en esa situación siempre habrá una pared separando al uno del otro."

Reflection & Application

✎¿Cuáles son algunas maneras en que podríamos intentar encubrir nuestro pecado?

_____

_____

_____

II. El único principio de <u>comunión</u>

"El único principio para tener verdadera comunión con Dios y con los demás, es vivir en completa transparencia con ambos ... Spurgeon lo define en uno de sus sermones como la 'buena voluntad de conocer y ser conocido'."

A. Comunión con <u>Dios</u>
   Salmo 139:1-24

31

1. Estar <u>dispuestos</u> a conocer toda la verdad acerca de nosotros,

2. Ser <u>convencidos</u> del pecado
   "Doblegarnos ante la primera punzada de nuestra conciencia."

3. Sin tratar de esconder ni excusar <u>nada</u>
   "Todo lo que Él nos muestre como pecado debe ser tratado como tal ..."

"Andar en luz de esa manera hará que todo pecado sea descubierto en nuestras vidas. De ese modo llegamos a ver como pecado cosas que antes veíamos como debilidades. Quizá esta es la razón por la que muchas veces queremos evadir el andar por este camino para poder escapar de Él. Pero el texto citado continúa: *... y la sangre de Jesucristo su Hijo nos limpia de todo pecado.*"

B. Comunión con los <u>hombres</u>
   1. Estar <u>despuestos</u> a conocer la verdad acerca de nosotros mismos tanto de labios de nuestro hermano como de Dios.

   2. Estar <u>preparados</u> tanto para que nuestro hermano nos muestre lo que es luz, como para mostrárselo a él hablándonos en amor de cualquier cosa que no sea digna del Señor en nuestras vidas.

   3. Estar <u>depuestos,</u> no solamente para conocernos a nosotros mismos, sino para ser conocidos de los demás tal como somos.

"Es decir, que no vamos a esconder nuestro *yo* interior de aquellos con quienes debemos tener comunión , a tratar de cubrirnos con meras apariencias externas, ni a emblanquecernos o excusarnos. Vamos a ser honestos acerca de nosotros mismos, haciendo a un lado nuestra aparente espiritualidad, dejando el orgullo y arriesgando nuestra reputación con tal de ser abiertos y transparentes con los hermanos en Cristo. Tampoco debemos guardar ningún mal pensamiento en nuestro corazón en contra de ellos, sino que "en primer lugar" vamos a demandar libertad a Dios, y luego arreglamos el asunto con el ofendido. Al obrar así, hallaremos que tenemos verdadera comunión el uno con el otro y nos amaremos más."
Mateo 5:23-24, 6:14-15, 18:15-22, Marcos 11:25-26

Reflection & Application

✎¿Cuál es la diferencia entre una relación oculta y una de apertura?

_____

_____

_____

III. Ninguna <u>servidumbre</u>

"No necesariamente tenemos que decir todo lo que somos a todos. Lo fundamental ... es ... nuestra actitud en este andar."

A. Verdadera <u>transparencia</u>

"¿Estamos dispuestos a ser abiertos con nuestro hermano, y a hablarle cuando Dios nos lo indique? Esta es la "armadura de luz ...""

B. Totalmente <u>honesta</u>

"Haga una confesión totalmente honesta en cuanto a usted mismo con cualquier persona, como Dios se lo indique, y llegará a tener un conocimiento de su vida y de sus pecados como nunca antes. Entonces comenzará a ver más claramente dónde es que la obra redentora de Cristo debe ser aplicada progresivamente en su vida. Es por esta razón que Santiago 5:16 nos enseña a ponernos bajo la disciplina de: *Confesaos vuestras ofensas unos a otros ...*"

C. El amor <u>fluirá</u>

"El amor fluirá mutuamente cuando cada uno esté preparado para ser conocido como pecador arrepentido a los pies de Jesús. Al ser derribadas las barreras y quitadas las máscaras, Dios tendrá la oportunidad de hacernos uno en Cristo ..."

I Corintios 13:4-8

"... y gozaremos en la seguridad de esa comunión. Ya no tendremos temor de que otros estén pensando mal de nosotros. En un grupo comprometido a andar en luz al pie de la cruz sabemos que si llegaran a surgir malos entendidos entre unos y otros por falta de amor, éstos serían sacados a la luz y confesados en un espíritu de contrición y amor para conocernos como somos realmente."

I Juan 4:17

IV. Avivamiento

"Jesús desea que usted comience desde hoy a andar en luz con él de una manera nueva."

A. <u>Únase</u> a alguien, ya sea un amigo intimo, esposa, esposo, etc.

"Por lo tanto quitese la máscara ... Si Dios le ha mostrado un pecado, confiéselo a él dándole gracias

34

por su perdón y limpieza, pero también confiéselo a la persona ofendida y pídale perdón."

B. <u>Congréguese</u> en una iglesia para tener comunión, compartir sus experiencias espirituales con verdadero espíritu de humildad
Hebreos 10:24-25

C. Orar <u>juntos</u> en armonía ...
Mateo 18:19-20

D. Ir luego como un <u>equipo</u> con un nuevo testimonio.

"De esta manera Dios comenzará a trabajar salvando y bendiciendo a otros poderosamente, quienes a su vez harán lo mismo. Así como una rueda mueve a otra, un grupo comenzará otra hasta que toda nuestra patria reciba la nueva vida que proviene del Señor Jesús resucitado."

Reflection & Application

✎¿Está comprometido para unirse a sus compañeros cristianos en casa y en la Iglesia de avivamiento?

_____

El Camino del Calvario
Guía por Bosquejo

Capitulo 4

El Camino de la Santidad

El Camino de la Santidad

Isaías 35:8-9
8 Y habrá allí calzada y camino,
y será llamado Camino de Santidad;
no pasará inmundo por él,
sino que él mismo estará con ellos;
el que anduviere en este camino,
por torpe que sea, no se extraviará.
9 No habrá allí león, ni fiera subirá por él,
ni allí se hallará, para que caminen los redimidos.

I. **El Camino <u>Real</u>**

   A. El camino no es que <u>ninguno</u> sea capaz de andar en él - "... sino que él mismo estará con ellos; el que anduviere en este camino, por torpe que sea, no se extraviará." (8c)

   B. El camino es un lugar de <u>seguridad</u> - "No habrá allí león, ni fiera subirá por él, ..." (9a)

   C. El camino no está andado por el <u>inmundo</u> - "... no pasará inmundo por él, ..." (8b)

   *Proverbios 28:13

"La única vía que conduce a ese Camino es por un lúgubre y tenebroso monte; el Monte Calvario, el cual sólo se puede ascender de manos y rodillas, sobre todo de rodillas. Sí estamos contentos con nuestra actual vida cristiana, si no deseamos con ansiedad andar por ese Camino, jamás nos sentiremos impulsados a arrodillarnos para subir la cuesta."

Jeremías 29:13
13 Y me buscaréis y me hallaréis,
porque me buscaréis de todo vuestro corazón.

Reflection & Application

✎¿Ha entrado usted en el Camino de la Santidad por la fe en Jesucristo?

_____

_____

_____

II. Una puerta <u>baja</u>

"En la cima del monte, guardando la entrada al Camino Real, se levanta ceñuda, desairada y áspera ... la cruz. Allí permanece la divisora de los tiempos y de la humanidad. Junto a ella hay una puerta baja, tan baja que para pasar es necesario agacharse y arrastrarse. Es la única entrada. Si queremos seguir nuestro camino tenemos que pasar por ella. Su nombre es: 'Puerta de los quebrantados,' porque sólo ellos pueden pasar. Ser quebrantado significa, ser no yo sino Cristo."

A. La prevención a pasar: la <u>dureza</u> de cerviz (rígido)

"En cada uno de nosotros hay un tieso y orgulloso yo, que comenzó en el huerto del Edén cuando Adán y Eva quienes habiendo inclinado siempre la cabeza sumisamente a la voluntad de Dios, de repente se irguieron proclamando su independencia tratando de ser 'como dioses'."

1. <u>Duro</u> e inflexible
2. Muy sensible y fácil de <u>ofender</u>
3. <u>Irascible</u>
4. <u>Envidioso</u>
5. <u>Criticón</u>

40

6. Resentido
7. Reservado
8. Severo
9. Indulgente

B. La preparación para pasar: Quebrantamiento
"Antes que podamos entrar en el Camino Real, Dios necesita doblar y quebrantar ese soberbio yo; erguido y orgulloso, para que Cristo reine en su lugar."

1. El significado del quebrantamiento - "no tener ningún derecho"
"El ser quebrantado significa no tener ningún derecho delante de Dios ni de los hombres. No implica la entrega de mis derechos a Él, sino mas bien reconocer que no tengo ninguno y que por el contrario merezco el infierno. Quiere decir no ser nada ni tener nada que pueda llamar mío. Ni tiempo, dinero, posesiones, ni posiciones, etc."

2. El ejemplo del quebrantamiento - Jesucristo en la cruz
"Con el fin de que nuestra voluntad sea quebrantada y sujeta a la de Él, Dios nos lleva al pie de la cruz donde nos muestra lo que realmente es el verdadero quebrantamiento. Vemos sus manos y pies horadados, su rostro amoroso coronado de espinas, y su total quebrantamiento al decir: No mi voluntad, sino la tuya, mientras bebía hasta el final la amarga copa de nuestro pecado. Sólo podemos ser quebrantados mirándole convencidos de que fue nuestro pecado el que le clavó allí. Luego, al ver el amor y el quebrantamiento del que murió en nuestro lugar, nuestros corazones serán

extraordinariamente tocados y conmovidos. A la vez desearemos ser quebrantados por amor a Él, y entonces oraremos así:"

Cristo, no yo; sin nada de jactancia
No yo, sino Él; no inútil molestar
No yo, sino Él, sin nada de egoísmo
No yo, sino Él, el yo quiero olvidar.
¡Oh Cristo! Sálvame y viviré
Tan sólo para ti
Que ya no sea yo, mas tú
Viviendo ahora en mí.

Reflection & Application

✎¿Cuáles son algunas reacciones adecuadas a las personas y las circunstancias que muestran que usted está quebrantado ante Dios?

_____
_____
_____

III. Elección continua

A. El quebrantamiento tiene que ser una elección continua

"Pero no nos imaginemos que vamos a ser quebrantados sólo mientras estamos pasando a través de esa puerta. Aún después tendremos que elegir constantemente."

Gálatas 2:20

B. El quebrantamiento estará probado por los demás

"Si alguno nos ofende y desprecia, podemos escoger entre aceptar inmediatamente el desprecio como un medio de gracia para humillarnos más, o rechazarlo irguiendo otra vez nuestra cerviz como prueba de la tremenda perturbación espiritual que el asunto nos ha ocasionado ... Dios nos prueba casi siempre por medio de otras personas ... La voluntad de Dios se da a conocer por medio de su providencia, y muy a menudo ésta se manifiesta por medio de las muchas exigencias y demandas que otros nos hacen."

C. El quebrantamiento puede estar renovado por la cruz

"Pero si su yo se levanta en actitud de dureza, tiene que ir nuevamente al Calvario y ver a Cristo quebrantado por usted, y así estará dispuesto para ser quebrantado por Él."

II Corintios 5:14-15

Reflection & Application

✎¿Cuáles son algunas maneras que muestro nuestoa quebrantamiento?

_____

_____

_____

Reflection & Application

✎¿Con qué frecuencia puede venir a la Cruz para tener su quebrantamiento renovado?

_____

_____

_____

IV. El don de Su plenitud

"Al llegar al Camino Real vemos que se extiende delante de nosotros un camino angosto, bañado de luz, que conduce cuesta arriba hasta la Jerusalén Celestial. Una densa oscuridad envuelve ambos lados del terraplén a medida que éstos descienden. En realidad, la oscuridad se desliza avanzando hasta los bordes del Camino Real. Sin embargo, en éste, todo es claridad."

A. "Detrás de nosotros está la cruz, ya no tenebrosa y repulsiva sino resplandeciente y radiante."

B. Con nosotros está Jesús, "andando en el Camino con una vida exuberante de resurrección."

"Lleva en sus manos un cántaro con el agua de vida, y dirigiéndose hacia nosotros nos pide que le mostremos nuestros corazones, los que le presentamos como una copa vacía. Al pasar, Él nos mira bien adentro. Es un escrutinio bastante doloroso, y donde ve que hemos permitido que su sangre nos limpie, nos llena con el agua de vida. Luego proseguimos nuestra carrera regocijándonos, loando a Dios, y rebosando de su nueva vida. Esto es avivamiento."

"Nuestra vida cristiana consiste simplemente en un andar por el Camino Real con corazones rebosantes, sometiendo todo el tiempo nuestra voluntad a la de Dios, confiando constantemente en la sangre de Cristo para ser limpiados y vivir en unión perfecta con Él. No hay nada espectacular acerca de esta vida, ni ningunas experiencias emocionantes que anhelar y esperar. Es un sencillo vivir día tras día la vida que Dios quiere que vivamos. Esto es verdadera santidad."

V. <u>Fuera</u> del Camino Real

"Por experiencia propia sabemos que a veces es posible desviarnos del Camino Real debido a que es angosto. Un pequeño traspié y nos salimos del Camino, y, naturalmente, entramos en la oscuridad."

A. <u>Desviarnos</u> del Camino

"Esto sucede siempre por falta de obediencia en algún punto, o por no haberse sentido lo suficientemente débil para dejárselo todo a Dios."

"Satanás siempre está a un lado del Camino, gritando y llamando nuestra atención. Él no tiene derecho a tocarnos, pero podemos ceder a su voz por un acto voluntario."

I Pedro 5:8-9

B. <u>Regresar</u> al Camino

1. "Tenemos que pedirle a Dios que nos indique"

Salmo 139:23-24

"Él lo hará aunque a menudo le es difícil hacérnoslo ver."

I Juan 1:5-8

2. "De rodillas vuelvo al Camino, una vez más me acerco, y su sangre me limpia."

"A la vez Él está esperándome para llenar y hacer rebosar mi copa de nuevo. ¡Aleluya! No importa dónde se aparte del Camino, lo cierto es que usted siempre le hallará ahí invitándole a regresar para ser quebrantado, y su sangre estará también disponible para limpiarle y purificarle. El gran secreto de un andar seguro en el Camino Real, consiste en ver el pecado tal como es y confesarlo como tal, con la seguridad de que la sangre de Cristo lo limpia."

I Juan 1:9, 2:2

Reflection & Application

✎¿Cuáles son algunas de las tentaciones de Satanás que pueden ocasionar el desviarnos fuera del Camino de la Santidad?

_____

_____

_____

"Al transitar el Camino, siempre debemos preguntarnos: ¿está rebosando mi copa? ¿Tengo la paz de Dios en mi corazón? ¿Amo a los demás y me preocupo por ellos? Estas cosas son el barómetro en el Camino Real. Si éste se interrumpe es porque el pecado ha penetrado en algún punto. Quizá autocompasión, amor propio, indulgencia, sensibilidad, susceptibilidad, resentimiento, defensa propia, timidez, reserva, ansiedad, miedo, etc."

Verdad Adicional

Mateo 22:37-40
37 Jesús le dijo:
Amarás al Señor tu Dios con todo tu corazón,
y con toda tu alma, y con toda tu mente.
38 Este es el primero y grande mandamiento.
39 Y el segundo es semejante:
Amarás a tu prójimo como a ti mismo.
40 De estos dos mandamientos
depende toda la ley y los profetas.

VI. Nuestro andar con <u>otros</u>

"Algo importante que no hemos mencionado, es que no andamos solos en el Camino Real, sino que junto con nosotros van otros peregrinos, y por supuesto el Señor Jesús."

A. Las personas en el Camino

   1. Otros <u>peregrinos</u>

   2. El Señor <u>Jesús</u>

B. Un <u>requisito</u> del Camino

"Un requisito para permanecer en el Camino, es que la comunión con los demás es tan importante como la comunión con Jesús. En realidad éstas van tan estrechamente relacionadas ... Todo lo que nos suceda con los demás, tal como impaciencia, resentimiento o envidia, interfiere entre Dios y nosotros ... El porqué de la estrecha unión entre estas dos relaciones es bastante claro. Dios es amor, es decir, Él ama a otros, y en el momento en que a nosotros nos falta amor para alguien, nos aislamos de Dios, porque Dios le ama también a él aunque nosotros no le amemos."

Juan 4:7-11

7 Amados, amémonos unos a otros;
porque el amor es de Dios.
Todo aquel que ama, es nacido de Dios,
y conoce a Dios.
8 El que no ama, no ha conocido a Dios;
porque Dios es amor.
9 En esto se mostró el amor de Dios
para con nosotros,
en que Dios envió a su Hijo unigénito al mundo,
para que vivamos por él.
10 En esto consiste el amor:
no en que nosotros hayamos amado a Dios,
sino en que él nos amó a nosotros,
y envió a su Hijo en propiciación
por nuestros pecados.
11 Amados, si Dios nos ha amado así,
debemos también nosotros amarnos unos a otros.

"Además, el resultado de tales pecados es siempre el de hacernos andar en tinieblas, es decir, ocultar y encubrir nuestro verdadero carácter o lo que en realidad sentimos. Este es siempre el significado de 'Tinieblas' en las Escrituras, porque la luz revela todo, mientras que las tinieblas lo ocultan."

Verdad Adicional

I Juan 2:5-11
5 pero el que guarda su palabra,
en éste verdaderamente el amor de Dios
se ha perfeccionado;
por esto sabemos que estamos en él.
6 El que dice que permanece en él,
debe andar como él anduvo.
7 Hermanos, no os escribo mandamiento nuevo,
sino el mandamiento antiguo
que habéis tenido desde el principio;
este mandamiento antiguo es la palabra
que habéis oído desde el principio.
8 Sin embargo, os escribo un mandamiento nuevo,
que es verdadero en él y en vosotros,
porque las tinieblas van pasando,
y la luz verdadera ya alumbra.
9 El que dice que está en la luz,
y aborrece a su hermano, está todavía en tinieblas.
10 El que ama a su hermano, permanece en la luz,
y en él no hay tropiezo.
11 Pero el que aborrece a su hermano
está en tinieblas,
y anda en tinieblas, y no sabe a dónde va,
porque las tinieblas le han cegado los ojos.

"El volver a la comunión con el Señor nos llevará también a la comunión con nuestro hermano. Toda falta de amor tiene que ser reconocida como pecado, y confesada a Él para que su sangre la limpie. Luego debemos confesarlo a la persona ofendida pidiéndole perdón. De esta manera nos reconciliaremos tanto

49

con Dios como con el hermano. Al regresar así al Señor Jesucristo, hallaremos que su amor para con nuestro hermano nos llenará el corazón el cual deseará expresarse por medio de buenas acciones hacia él."

Reflection & Application

✎Lista de algunos compañeros cristianos con quien usted puede tener comunión mientras camina el Camino de la Santidad.

_____

_____

_____

"Esta es la vida del Camino Real. No es ninguna doctrina nueva ni asombrosa. No es una predicación novedosa y de ninguna manera complicada. Es sencillamente vivir día tras día en las circunstancias que Dios nos pone. Esta explicación no contradice lo que hemos leído u oído acerca de la vida cristiana, pero pone en un lenguaje sencillo y gráfico la gran verdad de la santificación. El comenzar a vivir ahora esta vida, significará avivamiento para nosotros. Vivir así, significa avivamiento continuo, lo cual es sencillamente usted y yo andando por el Camino Real en perfecta unión con el Señor Jesucristo y con nuestros hermanos, llevando siempre copas limpias y rebosantes con la vida y el amor de Dios."

El Camino del Calvario

Guía por Bosquejo

Capitulo 5

La Paloma y el Cordero

La Paloma y el Cordero

"La vida victoriosa y la eficacia en ganar almas para Cristo no son producto de nuestros mejores deseos y duros esfuerzos, sino el fruto del Espíritu Santo. No somos llamados a producir fruto sino a llevarlo."

> **Verdad Adicional**
>
> **Juan 15:8**
> *8 En esto es glorificado mi Padre,*
> *en que llevéis mucho fruto,*
> *y seáis así mis discípulos.*

"Esto está ilustrado en el primer capítulo de San Juan, en la narración de la venida del Espíritu Santo sobre el Señor Jesús en su bautismo. Cuando Juan Bautista vio venir a Jesús hacia él, exclamó: He aquí el Cordero de Dios, que quita el pecado del mundo. Luego, al bautizarle, vio Juan abrirse los cielos y descender el Espíritu de Dios como paloma y reposar sobre Él."

Juan 1:29-36 (29, 32-36)
29 El siguiente día vio Juan a Jesús que venía a él,
y dijo:
He aquí el Cordero de Dios,
que quita el pecado del mundo.
32 También dio Juan testimonio, diciendo:
Vi al Espíritu que descendía del cielo como paloma,
y permaneció sobre él.
33 Y yo no le conocía;
pero el que me envió a bautizar con agua,
aquél me dijo:
Sobre quien veas descender el Espíritu
y que permanece sobre él,
ése es el que bautiza con el Espíritu Santo.

34 Y yo le vi,
y he dado testimonio de que éste es el Hijo de Dios.
35 El siguiente día otra vez estaba Juan,
y dos de sus discípulos.
36 Y mirando a Jesús que andaba por allí, dijo:
He aquí el Cordero de Dios.

VII.   La humildad divina

A.   El Cordero

"El cordero simboliza la mansedumbre y sumisión ..."

Verdad Adicional

Isaías 53:6-8
6 Todos nosotros nos descarriamos como ovejas,
cada cual se apartó por su camino;
mas Jehová cargó en él el pecado de todos nosotros.
7 Angustiado él, y afligido, no abrió su boca;
como cordero fue llevado al matadero;
y como oveja delante de sus trasquiladores,
enmudeció, y no abrió su boca.
8 Por cárcel y por juicio fue quitado;
y su generación, ¿quién la contará?
Porque fue cortado de la tierra de los vivientes,
y por la rebelión de mi pueblo fue herido.

B.   La Paloma

"... la paloma la paz ¿Habrá sonido más dulce y suave en verano que el arrullo de la paloma?"

"Cuando el Dios eterno quiso revelarse a su Hijo, le dio el nombre de Cordero; y cuando fue necesario que el Espíritu Santo viniese al mundo, se reveló en forma de paloma." "La lección principal de este suceso, es que el Espíritu Santo, como paloma sólo pudo descender y reposar sobre el Señor Jesucristo por ser Él, el Cordero. Si Él no hubiera tenido las características de un cordero, tales com humildad, mansedumbre y abnegación, la paloma no habría podido reposar sobre Él. Pues debido a su timidez se hubiera asustado. Aquí pues, tenemos descrita la condición para que el Espíritu Santo pueda venir y morar en nosotros, sobre quienes puede reposar sólo si estamos dispuestos a ser como el Cordero. Cuán difícil es esto mientras el yo no esté dispuesto a ser quebrantado ..."

"Lea otra vez en Gálatas 5:22-23 las nueve características del fruto del Espíritu Santo ... con las cuales la paloma nos quiere llenar. Luego compárelas con las obras de la carne."

"EL yo no quebrantado puede compararse con el lobo rapaz, mientras que el yo quebrantado puede compararse con la gentil paloma."

El Lobo Rapaz
Gálatas 5:19-21

19 Y manifiestas son las obras de la carne, que son: adulterio, fornicación, inmundicia, lascivia,
20 idolatría, hechicerías, enemistades, pleitos, celos, iras, contiendas, disensiones, herejías,
21 envidias, homicidios, borracheras, orgías, y cosas semejantes a estas; acerca de las cuales os amonesto, como ya os lo he dicho antes, que los que practican tales cosas no heredarán el reino de Dios.

La Paloma Gentil
Gálatas 5:22-23
22 Mas el fruto del Espíritu es amor, gozo, paz,
paciencia, benignidad, bondad, fe,
23 mansedumbre, templanza;
contra tales cosas no hay ley.

Reflection & Application

✎¿Dar algunos contrastes de cómo se podría reaccionar a las circunstancias de la vida como una paloma en comparación con un lobo?

_____

_____

_____

VIII. La disposición del Cordero

"Ya está claro que el Espíritu Santo hará su morada en nosotros, sólo si estamos dispuestos a ser semejantes al Cordero en cada punto que nos redarguya."

Verdad Adicional

Gálatas 5:24-25
24 Pero los que son de Cristo
han crucificado la carne con sus pasiones y deseos.
25 Si vivimos por el Espíritu,
andemos también por el Espíritu.

A. El Cordero <u>sencillo</u>
*Juan 5:19, *30*
1. No tiene <u>designios</u>
2. No tiene <u>planes</u> para beneficiarse a sí mismo
3. Subsiste <u>débil</u>
4. Subsiste ... <u>indefenso</u>

"¡pero cuán complejos somos nosotros! ¡Cuántos planes hacemos para ayudarnos a salir de aprietos! ¡A cuántos grandes esfuerzos hemos recurrido para vivir la vida cristiana y hacer la obra divina! Como si fuésemos algo y pudiésemos hacer algo."

B. El Cordero <u>trasquilado</u>
Filipenses 2:5-11
1. Despojado de su <u>reputación</u>
2. Despojado de su <u>derechos</u>
*I Pedro 2:22-24

"¡Cuántas veces nosotros nos hemos negado a ser trasquilados de nuestros supuestos derechos! No estamos dispuestos a perder lo que es nuestro por amor a Él. Además, resistimos, peleamos y exigimos que nos traten con el respeto que 'merecemos."

C. El Cordero <u>mudo</u>
*Isaías 53:7-8
1. No <u>responde</u> nada
2. No pide <u>explicaciones</u>

"Todo lo contrario de lo que hacemos nosotros, que cuando somos calumniados nos airamos alzando la voz en defensa y vindicación propia. Cuántas veces nos disculpamos en lugar de confesar el pecado con franqueza."

D. El Cordero sin <u>mancha</u>
"... en su corazón sólo había amor para quienes lo llevaron a la cruz ... cuando los clavos traspasaron sus manos Él los perdonó y pidió a su Padre que también los perdonara."
Lucas 23:33-34
1. No tenía <u>resentimiento</u>
2. No tenía <u>rencor</u>
3. No tenía <u>amargura</u>

"Pero ¡cuánto resentimiento y amargura albergamos nosotros en nuestro corazón hacia otros! Olvidamos que por más que suframos nunca habrá comparación con lo que Cristo sufrió sin reclamar nada. Cada pecado inconfeso ha dejado en nuestro corazón una mancha ... por no estar dispuestos a sufrir y a perdonar por amor a Jesús."

E. El Cordero <u>sustituto</u>
"La pregunta sobresaliente para nosotros ahora, es: ¿Cómo puede volver a nuestras vidas la paloma con su paz y poder? La respuesta es sencillamente la misma: 'El Cordero de Dios', porque no solamente Él es el sencillo Cordero de Dios trasquilado, el Cordero mudo y sin mancha, sino que por encima de todo, Él es el Cordero Sustituto."
I Pedro 1:18-21, Apocalipsis 13:8
"La humildad que demostró el Señor Jesús al hacerse nuestro Cordero era indispensable para que Él pudiese en la cruz ser nuestro sustituto, nuestra víctima propiciatoria llevando en su cuerpo sobre el madero nuestros pecados para que al arrepentirnos pudiera haber limpieza y perdón de ellos ... Cuando vemos de esta manera nuestros pecados llevados en el corazón

de Jesús, de tal modo que resultamos quebrantados, dispuestos a arrepentirnos de ellos y a reconciliarnos, es entonces y sólo entonces cuando la sangre del Cordero puede limpiarnos, y la paloma vuelve con paz y bendición a nuestros corazones."

Señor, Te anonadaste hasta nacer en pesebre,
    Te humillaste hasta morir por mi ser,
    Pero yo, tan orgullos e inflexible,
        Tu discípulo no quiero ser.

Señor, Te rendiste a la voluntad de tu Padre,
    Escogiste en la luz siempre andar,
    Pero a mí, me gusta siempre complacerme
    Aunque en tinieblas me toque andar.

Señor: Quebrántame, límpiame,
    lléname, guárdame siempre en ti;
    Teniendo comunión constante,
    santificando tu nombre en mí.

"Nuestros corazones también necesitan ser quebrantados, pues mientras eso no suceda no estaremos dispuestos a confesar, pedir perdón, reconciliarnos y restituir, lo cual es la manifestación de un verdadero arrepentimiento del pecado. Luego, cuando estemos dispuestos a humillarnos como el Señor lo hizo, la paloma volverá a nosotros."

Vuelve paloma divina,
    Vuelve dulce mensajera de paz,
    Detesto mi carne impía,
    Que me impide ver tu faz.

"Una palabra final. La paloma es símbolo de paz, lo que indica que si la sangre de Jesús nos ha limpiado y estamos andando humildemente con el Cordero, la evidencia de la presencia y plenitud del Espíritu será la paz. En realidad, esta será la prueba de nuestro diario andar con Él. Y la paz de Dios gobierne en vuestros corazones, Colosenses 3:15. Si en cualquier momento la paloma deja de arrullar en nuestro corazón, si la paz se interrumpe, la única causa es el pecado. Necesitamos pedir que Dios nos lo indique, y arrepentirnos pronto trayéndolo a la cruz. Luego la paloma podrá volver a nuestro corazón, y tendremos la paz de Dios. De esta manera conoceremos la presencia continua del Espíritu Santo mediante la aplicación inmediata y constante de la sangre preciosa de Jesús."

Reflection & Application

✎¿Cuáles son algunas maneras que muestran las características de un cordero en la vida diaria?

_____

_____

_____

El Camino del Calvario

Guía por Bosquejo

Capitulo 6

Avivamiento en el Hogar

Avivamiento en el Hogar

"Hace miles de años, en el más hermoso huerto que el mundo haya tenido, vivían un hombre y una mujer, hechos conforme a la imagen de su Creador. El único propósito de su vida era manifestarlo a Él a su creación, y también, el uno con el otro glorificándole cada momento del día. Ellos aceptaron humildemente el lugar que les correspondía, el de criaturas ante su Creador y el de una sumisión y entrega completas a su voluntad. Al someter la voluntad de ellos a la de su Creador, viviendo para Él y no para sí mismos, también se sometieron completamente el uno al otro. Así en aquel primer hogar, en ese hermosísimo huerto, existía una absoluta armonía, paz, amor y unión, no sólo con Dios, sino entre ellos mismos."
Génesis 1:26-31
"Pero un día, esta armonía fue rota porque en aquel hogar donde Dios era el centro, la serpiente penetró y con ella, el pecado. Por haber perdido la paz y la comunión con Dios, también la perdieron mutuamente. Ya no vivían para Dios sino que cada uno vivía para sí mismo. Ahora eran sus propios dioses, y por no vivir para Dios, tampoco podían vivir el uno para el otro. En lugar de paz, armonía, amor y concordia, había entrado el desacuerdo y el odio. En una palabra, ¡él pecado'!"
Génesis 3:1-13

I. **El avivamiento comienza en el hogar**
   "El pecado entró primero en el hogar ... y por lo tanto es donde primero debe llegar el avivamiento."
   A. Es el lugar más <u>difícil</u>
   B. Es el lugar más <u>necesitado</u> para comenzar

"Antes de seguir adelante, recordemos de nuevo el verdadero significado de la palabra avivamiento. Es sencillamente una vida nueva en los corazones donde la vida espiritual ha menguado. No es una vida de esfuerzo propio o iniciada por uno mismo. No es la vida del hombre sino la de Dios, la vida de Jesús llenándonos y fluyendo a través de nosotros, la cual se manifiesta en compañerismo y unión con quienes vivimos, sin nada que nos separe de Dios ni de los demás."

"Todo lo que se interpone entre nosotros y los demás, se interpone entre nosotros y Dios rompiendonos la comunión con Él, de modo que nuestras copas no rebosan continuamente."

Verdad Adicional

I Juan 4:20-21
20 Si alguno dice:
Yo amo a Dios, y aborrece a su hermano,
es mentiroso.
Pues el que no ama a su hermano a quien ha visto,
¿cómo puede amar a Dios a quien no ha visto?
21 Y nosotros tenemos este mandamiento de él:
El que ama a Dios, ame también a su hermano.

Reflection & Application

✎Dar algunas descripciones de una familia que no vive en buen compañerismo.

_____

_____

_____

II. ¿Que hay de <u>malo</u> en nuestros hogares?

A. La falta de verdadera <u>franqueza</u> entre unos y otros

"La falta de transparencia y franqueza es siempre resultado del pecado."

"Seguro hubo reacciones y pensamientos en el corazón de Adán que Eva nunca conoció y viceversa. Desde entonces la cadena ha continuado hasta nuestros días. Si queremos encubrirle algo a Dios, también lo haremos con los demás ... Según las Escrituras esto es andar en tinieblas. Porque todo lo que se oculta de la luz es tinieblas."

Verdad Adicional

I Juan 2:8-11

8 Sin embargo, os escribo un mandamiento nuevo,
que es verdadero en él y en vosotros,
porque las tinieblas van pasando,
y la luz verdadera ya alumbra.
9 El que dice que está en la luz,
y aborrece a su hermano,
está todavía en tinieblas.
10 El que ama a su hermano, permanece en la luz,
y en él no hay tropiezo.
11 Pero el que aborrece a su hermano
está en tinieblas,
y anda en tinieblas, y no sabe a dónde va,
porque las tinieblas le han cegado los ojos.

B. La falta de <u>amor</u> verdadero de los unos para con los otros

"El amor no es sólo una emoción sentimental, ni una pasión fuerte. El conocido pasaje de 1 Corintios 13, nos dice lo que es el amor verdadero, y si vamos a ser probados por él, encontraremos que después de todo casi no nos amamos el uno al otro. Muchas veces nuestra conducta va en dirección opuesta, y lo contrario de amor es odio."

I Corintios 13:4-8a
4 El amor es sufrido, es benigno;
el amor no tiene envidia, el amor no es jactancioso,
no se envanece;
5 no hace nada indebido, no busca lo suyo,
no se irrita, no guarda rencor;
6 no se goza de la injusticia,
mas se goza de la verdad.
7 Todo lo sufre, todo lo cree,
todo lo espera, todo lo soporta.
8 El amor nunca deja de ser; ...

"¿Cómo quedamos al ser probados por estas normas en nuestro hogar?"

Reflection & Application

✎¿Cuáles son algunas descripciones de una familia que no se ama correctamente el uno al otro?

_____

_____

_____

Reflection & Application

✎¿Cuáles son algunas descripciones de una familia que no se ama correctamente el uno al otro?

_____

_____

_____

III. La única <u>salida</u>

"Surge la pregunta: ¿Deseo tener nueva vida y avivamiento, en mi hogar? Yo mismo he tenido que desafiar mi corazón acerca de esto. ¿Estoy dispuesto a continuar en mi estado, o realmente tengo hambre de una nueva vida, la vida de Cristo en mi hogar?"
Salmo 51:1-19

Verdad Adicional

I Juan 1:5-10
5 Este es el mensaje que hemos oído de él,
y os anunciamos:
Dios es luz, y no hay ningunas tinieblas en él.
6 Si decimos que tenemos comunión con él,
y andamos en tinieblas, mentimos,
y no practicamos la verdad;
7 pero si andamos en luz, como él está en luz,
tenemos comunión unos con otros,
y la sangre de Jesucristo su Hijo
nos limpia de todo pecado.

Verdad Adicional

7 pero si andamos en luz, como él está en luz,
tenemos comunión unos con otros,
y la sangre de Jesucristo su Hijo
nos limpia de todo pecado.
8 Si decimos que no tenemos pecado,
nos engañamos a nosotros mismos,
y la verdad no está en nosotros.
9 Si confesamos nuestros pecados,
él es fiel y justo para perdonar nuestros pecados,
y limpiarnos de toda maldad.
10 Si decimos que no hemos pecado,
le hacemos a él mentiroso,
y su palabra no está en nosotros.

A. Llamar al pecado <u>pecado</u> (el mío, no el de otro)

B. Ir a la <u>cruz</u> con el pecado

"A medida que doblamos nuestra cerviz ante la cruz, ese amor de Él, desinteresado y magnánimo, su generosidad y clemencia fluirán dentro de nuestro corazón."

C. Su preciosa sangre nos <u>limpiará</u> del pecado

"... y el Espíritu Santo nos llenará con la misma naturaleza de Jesús."

D. Una y otra vez, <u>habrá</u> ocasiones en que tendremos que ceder nuestros derechos como hizo Jesús por causa nuestra

   1. "<u>Veremos</u> que lo que en nosotros reacciona tan vivamente al egoísmo y

orgullo de otros, no es más que nuestro propio egoísmo y orgullo que en ninguna manera queremos sacrificar."

Efesios 4:1-3, Gálatas 5:16-26

2. "Tendremos que <u>aceptar</u> los métodos y hechos de otros como la voluntad de Dios para nosotros, y humildemente doblar nuestra cerviz a todas las providencias divinas."

"No quiere decir que tendremos que aceptar el egoísmo de otros como la voluntad de Dios para ellos. ¡De ninguna manera! Pero sí debemos aceptarlo como la voluntad divina para nosotros. En cuanto a ellos, es posible que Dios quiera usarnos, si en realidad hemos sido quebrantados, para ayudarles a ver su necesidad."

"Indudablemente, si somos padres, necesitaremos frecuentemente corregir a nuestros hijos con firmeza. Sin embargo, nada de esto debe ser por motivos egoístas sino sólo por amor para con ellos y el anhelo de su bienestar."

Génesis 50:15-21

E. Estaremos <u>dispuestos</u> a arreglar nuestras desavenencias con los demás

"... inclusive con los niños."

Mateo 5:23-24, Santiago 5:16

"Recordemos que en la cruz sólo hay lugar para las personas de una en una. No podemos decir: 'En verdad yo estaba equivocado, pero tú también lo estabas; por tanto tú también tienes que ir'. Tenemos que ir solitos, sin compañía y humildemente decir: ¡Pequé Señor! Con seguridad Dios obrará en la otra persona por medio de nuestro espíritu quebrantado mucho más que cualquiera otra cosa que podamos decir o hacer. Posiblemente tengamos que esperar por largo tiempo, lo cual debe resultar en un espíritu compasivo como el de Dios. Alguien dijo: 'Dios también ha tenido que esperar largo tiempo; más de mil novecientos años, desde que hizo su gran esfuerzo por arreglar el pecado del hombre, aunque no hubo ofensa alguno de su parte."

"La frase 'unión verdadera' nos presenta el cuadro de dos o más pecadores al pie de la cruz."

Reflection & Application

✎¿Está usted dispuesto a iniciar el proceso de avivamiento en su hogar para tratar con el pecado personal de otros?

_____

_____

_____

*Personalmente hacer una lista de los pecados que usted conoce y confesar cada uno de ellos a Dios para encontrar su perdón y limpieza.

Reflection & Application

✎¿Está dispuesto a continuar con el proceso de avivamiento en su hogar para pedirle perdón a aquellos contra quienes ha pecado?

_____

El Camino del Calvario

Guía por Bosquejo

Capitulo 7

La Paja y la Viga

La Paja y la Viga

"¡Algo ha caído en el ojo de nuestro amigo! Aunque es algo muy pequeño, justamente lo que Jesús llama 'una paja', ¡cómo le duele! Y ¡cuán incapacitado se siente hasta que le sea sacada! Seguramente que como amigos debemos hacer todo lo que esté a nuestro alcance para sacársela, y cuán agradecido se sentirá si lo logramos. De la misma manera deberíamos sentirnos agradecidos si él hiciera lo mismo con nosotros. A la luz de lo antedicho, parece claro que la verdadera finalidad del bien conocido pasaje de Mateo 7:3-5, acerca de la paja y la viga, no es prohibirnos remover la falta en la otra persona, sino mas bien lo contrario."

Mateo 7:3-5
3 ¿Y por qué miras la paja
que está en el ojo de tu hermano,
y no echas de ver la viga que está en tu propio ojo?
4 ¿O cómo dirás a tu hermano:
Déjame sacar la paja de tu ojo,
y he aquí la viga en el ojo tuyo?
5 ¡Hipócrita! saca primero la viga de tu propio ojo,
y entonces verás bien
para sacar la paja del ojo de tu hermano.

"Se nos induce a 'amonestarnos los unos a los otros' [Colosenses 3:15-17] a 'exhortarnos los unos a los otros' [Hebreos 3:12-13, 10:25], a 'lavarnos los pies los unos a los otros' [Juan 13:12-17], a 'provocarnos al amor y a las buenas obras los unos a los otros' [Hebreos 10:24]. El amor de Jesús derramado en nosotros, hará que deseemos ayudar de esta manera a nuestro hermano."

"¡Cuánta bendición caerá sobre muchos por medio de nuestra buena voluntad al ayudarnos humildemente los unos a los otros, según seamos guiados por Dios."

I.   ¿Que representa la <u>viga</u>?

A.   La <u>paja</u> - en el ojo de otro

"Son faltas que vemos en otra persona. Tal vez ha hecho algo en contra nuestra, o cierta actitud que mantiene hacia nosotros."
Mateo 18:15-17, I Corintios 6:7

Verdad Adicional

Mateo 5:21-22
21 Oísteis que fue dicho a los antiguos: No matarás; y cualquiera que matare será culpable de juicio.
22 Pero yo os digo que cualquiera que se enoje contra su hermano, será culpable de juicio; y cualquiera que diga: Necio, a su hermano, será culpable ante el concilio; y cualquiera que le diga: Fatuo, quedará expuesto al infierno de fuego.

B.   La <u>viga</u> - en su ojo

"Permítame sugerir que ésta es sencillamente la reacción de nuestra falta de amor para con aquella persona. Puede que haya algo malo en ella, pero nuestra reacción ¡también es mala! Su paja ha provocado en nosotros cualquiera de las siguientes situaciones: Resentimiento, indiferencia, crítica, maledicencia, mala voluntad, siendo todas ellas las variantes cuya raíz es la falta de amor. Y esto, nos dice el Señor Jesús, es en gran manera peor que el pequeño mal que los provocó, muchas veces sin saberlo."

Verdad Adicional

I Juan 2:9-11
9 El que dice que está en la luz,
y aborrece a su hermano,
está todavía en tinieblas.
10 El que ama a su hermano, permanece en la luz,
y en él no hay tropiezo.
11 Pero el que aborrece a su hermano
está en tinieblas,
y anda en tinieblas, y no sabe a dónde va,
porque las tinieblas le han cegado los ojos.

"Que Dios tenga misericordia de nosotros por las muchas veces cuando en nuestra hipocresía hemos tratado de corregir la falta del otro, mientras Dios está viendo lo mismo muchísimo peor en nuestros corazones."

Verdad Adicional

Efesios 4:31-32
31 Quítense de vosotros toda amargura, enojo, ira,
gritería y maledicencia, y toda malicia.
32 Antes sed benignos unos con otros,
misericordiosos,
perdonándoos unos a otros,
como Dios también os perdonó a vosotros en Cristo.

"Pero no nos imaginemos que una viga es necesariamente una reacción violenta de nuestra parte. El sólo principio de resentimiento es una viga, como lo es también el primer aleteo de un mal pensamiento o la primera idea de censura sin amor. Estas cosas desvían nuestra visión y nos impiden ver al hermano tal como realmente es, amado de Dios. Si le hablamos con estos sentimientos en el corazón, sólo provocaremos en él la misma actitud hacia nosotros, porque es una ley en las relaciones humanas que con el juicio con que juzgáis, seréis juzgados [Marcos 4:24]."

Verdad Adicional

Proverbios 15:1
1 La blanda respuesta quita la ira;
Mas la palabra áspera hace subir el furor.

Reflection & Application

✎¿Cuáles son algunas maneras que podrían mostrar una "viga" en tu vida?

_____

_____

_____

II. Llévalo al <u>Calvario</u>
I Juan 1:6-10

A. <u>Reconocer</u> como pecado la reacción carente de amor
   Mateo 5:38-42

B. <u>Ir</u> de rodillas hasta el Calvario
   "... para ver a Jesús y tener allí una vislumbre de lo que le costó nuestro pecado."
   Isaías 53:6-9, II Corintios 5:21

C. <u>Arrepentirse</u>
   "... siendo quebrantados de nuevo ..."
   II Corintios 7:8-11

D. <u>Confiar</u> en que Él [Jesús] nos limpiará
   "... con su preciosa sangre ..."
   Salmo 51:2, 7-12

E. <u>Ir</u> a ella arrepentido y confesarle el pecado que había en nuestro corazón
   Santiago 5:16

"Muchas veces los espectadores y aun nuestro propio corazón nos dirán que el pecado que estamos confesando dista mucho de ser tan grave como el de la otra persona quien aún no ha confesado. Pero como ya hemos ido al Calvario, y ciertamente estamos aprendiendo a morar bajo su sombra, donde hemos visto nuestro propio pecado ya no lo seguiremos comparando."

"A medida que demos estos pasos de arrepentimiento podemos ver claramente y sacar la paja del ojo del hermano, porque la viga de nuestro ojo ya ha sido sacada. En aquel instante Dios derramará su luz sobre nosotros, con respecto a las necesidades de los demás, de una manera que ni ellos ni nosotros habíamos tenido antes. Es posible que lleguemos a ver que la paja que tanto veíamos, ahora casi

no existe y sólo era la proyección de algo que había en nosotros mismos. Por otra parte, es posible que nos sean revelados motivos fundamentales ocultos de los cuales ni la misma persona se había dado cuenta. Luego, conforme Dios nos vaya guiando debemos con amor y humildad animarle para que ella también los vea y los lleve al manantial abierto para limpiar el pecado, y sea así librada."
Mateo 5:21-24, Lucas 17:3-4

Verdad Adicional

Gálatas 6:1
*1 Hermanos,
si alguno fuere sorprendido en alguna falta,
vosotros que sois espirituales,
restauradle con espíritu de mansedumbre,
considerándote a ti mismo,
no sea que tú también seas tentado.*

"Cuando Dios nos impulse a animar a otros, no nos detengamos por temor. No arguyamos ni recalquemos. Digámosle sólo lo que Dios nos ha mandado a decirle, sin añadir ni quitar. Pues, es de Dios y no de nosotros hacer que ellos lo reciban. Tiene que pasar tiempo antes de que el soberbio erguido yo se doblegue."
"A la vez, cuando nos hagan una observación no nos defendamos tratando de dar explicaciones. Recibámosla calladamente, dándole las gracias a nuestro hermano, y en seguida vayamos a Dios y preguntémosle acerca del asunto. Si la otra persona tiene razón, seamos lo suficientemente humildes para confesarle, pedirle perdón, y juntos alabar al Señor."

El Camino del Calvario

Guía por Bosquejo

Capitulo 8

¿Estás Dispuesto a Ser un Siervo?

¿Estás Dispuesto a Ser un Siervo?

"Nada hay más claro en el Nuevo Testamento como el hecho de que nuestro Señor Jesucristo espera que tomemos esa humillante posición de siervos, lo cual no es un deber adicional que podemos aceptar o rechazar a nuestro antojo, sino el centro mismo de esa nueva actitud que el discípulo debe adoptar hacia Dios y hacia los demás si desea tener en su vida comunión con Cristo, y cierto grado de santidad."

Verdad Adicional

Juan 13:3-17 (3-5, 12-17)
3 sabiendo Jesús que el Padre
le había dado todas las cosas en las manos,
y que había salido de Dios, y a Dios iba,
4 se levantó de la cena, y se quitó su manto,
y tomando una toalla, se la ciñó.
5 Luego puso agua en un lebrillo,
y comenzó a lavar los pies de los discípulos,
y a enjugarlos con la toalla con que estaba ceñido.

Verdad Adicional

Juan 13:3-17 (3-5, 12-17)
12 Así que, después que les hubo lavado los pies,
tomó su manto, volvió a la mesa, y les dijo:
¿Sabéis lo que os he hecho?
13 Vosotros me llamáis Maestro, y Señor;
y decís bien, porque lo soy.

Verdad Adicional

14 Pues si yo, el Señor y el Maestro,
he lavado vuestros pies,
vosotros también debéis lavaros los pies
los unos a los otros.
15 Porque ejemplo os he dado,
para que como yo os he hecho,
vosotros también hagáis.
16 De cierto, de cierto os digo:
El siervo no es mayor que su señor,
ni el enviado es mayor que el que le envió.
17 Si sabéis estas cosas,
bienaventurados seréis si las hiciereis.

I. Dos clases de siervos

A. El asalariado - "que ganaban su jornal y gozaban de ciertos derechos"

B. El esclavo - "de por vida quienes no gozaban de jornal ni de derecho alguno"

Verdad Adicional

I Corintios 6:19-20
19 ¿O ignoráis que vuestro cuerpo
es templo del Espíritu Santo,
el cual está en vosotros,
el cual tenéis de Dios,
y que no sois vuestros?
20 Porque habéis sido comprados por precio;
glorificad, pues, a Dios en vuestro cuerpo
y en vuestro espíritu, los cuales son de Dios.

"No obstante, cuando llegamos al Nuevo Testamento, la palabra que en griego significa siervo del Señor Jesucristo no es la que se usa para 'jornalero' sino para 'esclavo', lo cual está diciéndonos claramente que nuestro lugar es tal que no tenemos ningunos recursos ni derechos para hacer reclamos. Que somos propiedad absoluta de nuestro Amo y Señor, quien puede disponer de nosotros y tratarnos como a Él le plazca."
*Romanos 6:15-23, II Corintios 5:14-15

"Además, veremos aún más claramente cuál debe ser nuestra posición si comprendemos que debemos ser los esclavos de Aquel quien por su propia voluntad tomó la forma de siervo. Nada puede mostrar mejor la asombrosa humildad del Señor Jesucristo, de quien tendremos que ser sus esclavos, que las siguientes palabras: ... siendo en forma de Dios, no estimó el ser igual a Dios, como cosa a que aferrarse, sino que se despojó a sí mismo, tomando forma de siervo ... Filipenses 2:6-7. Sin ningún derecho, dispuesto a ser tratado según la voluntad del Padre y la malicia de los hombres, con tal de que de esa manera pudiera servir a la humanidad y traerla de nuevo a Dios ... ¡Y cómo nos demuestra lo que significa ser regidos por el Señor Jesús."

Filipenses 2:5-8
5 Haya, pues, en vosotros este sentir
que hubo también en Cristo Jesús,
6 el cual, siendo en forma de Dios,
no estimó el ser igual a Dios
como cosa a que aferrarse,
7 sino que se despojó a sí mismo, tomando forma de siervo,
hecho semejante a los hombres;
8 y estando en la condición de hombre,
se humilló a sí mismo,
haciéndose obediente hasta la muerte,
y muerte de cruz.

Reflection & Application

✎¿Cuáles son algunas diferencias entre los derechos de un empleado y un esclavo?

_____
_____
_____

Reflection & Application

✎¿Cuáles son las áreas de su vida en que debe usted dar control a Dios como su Amo y Señor?

_____

_____

_____

II. **Nuestra servidumbre para con el Señor Jesucristo debe expresarse en servidumbre para con nuestro prójimo**

"La manera como el Señor Jesucristo va a juzgar nuestra actitud hacia Él, dependerá de nuestra actitud de humillación hacia nuestro prójimo. Él no estar dispuestos a servir a otros costosa, y humildemente, es considerado por el Señor como falta de voluntad para servirle, rompiendo así nuestra comunión con Él"

Mateo 20:25-28, II Corintios 4:6, 6:10, I Juan 3:16-18

Verdad Adicional

Gálatas 5:13
13 Porque vosotros, hermanos,
a libertad fuisteis llamados;
solamente que no uséis la libertad
como ocasión para la carne,
sino servíos por amor los unos a los otros.

85

III. Las cinco <u>características</u> del esclavo

Lucas 17:7-10
7 ¿Quién de vosotros,
teniendo un siervo que ara o apacienta ganado,
al volver él del campo, luego le dice:
Pasa, siéntate a la mesa?
8 ¿No le dice más bien:
Prepárame la cena, cíñete,
y sírveme hasta que haya comido y bebido;
y después de esto, come y bebe tú?
9 ¿Acaso da gracias al siervo
porque hizo lo que se le había mandado?
Pienso que no.
10 Así también vosotros,
cuando hayáis hecho todo lo que os ha sido ordenado,
decid:
Siervos inútiles somos,
pues lo que debíamos hacer, hicimos.

A. Debe estar <u>listo</u> para cargar con una responsabilidad tras otra sin que por ello haya de merecer ninguna consideración.

"Pero nosotros, ¡qué poco dispuestos estamos para actuar así! Cuando algo semejante se espera de nosotros, ¡cuán rápido aparecen las murmuraciones y amarguras en el corazón! Al comenzar a murmurar obramos como si tuviésemos algunos derechos. ¡Pero el siervo, que es esclavo, no tiene ninguno!"

B. No debe <u>esperar</u> que se le agradezca su fiel cumplimiento

"Muy a menudo servimos a otros, ¡pero cuánto nos autocompadecemos, y con cuánta amargura nos quejamos al ver que no nos lo agradecen!"

C. No debe <u>culpar</u> a otros de ser egoístas

"¿Y nosotros? Tal vez estemos listos a permitir que otros se nos impongan, y a que no nos lo agradezcan; ¡pero en nuestro interior los culpamos de egoístas! Esta no es la actitud de un esclavo quien debe hallar en el egoísmo de los demás una oportunidad más para identificarse nuevamente con su Señor, como el sirviente de todos."

D. Debe <u>confesar</u> que somos siervos infructuosos

"Necesitamos confesar una y otra vez que en nosotros, es decir, en nuestra carne no mora el bien [Romanos 7:18], y que si hemos servido, no es por nosotros mismos cuyo corazón es por naturaleza soberbio y reacio, sino sólo por el Señor Jesús quien mora en nosotros y nos ha dado la buena voluntad para hacerlo."

E. Debe <u>reconocer</u> que en nuestros hechos y comportamiento, al tomar el camino de humildad y mansedumbre, no nos hemos excedido ni en un punto más de lo que era nuestro deber

"Dios hizo al hombre en primer lugar, sencillamente para que fuera su esclavo; pero el pecado ha consistido siempre en no querer serlo. Su restauración, pues, sólo puede ser a la posición de esclavo. Por lo tanto, el hombre que consiente en tomar esa posición no ha hecho nada meritorio puesto que para eso fue creado."

"Este es el camino de la cruz; por el cual anduvo primero el humilde Siervo de Dios, por causa de nuestro pecado. ¿ No debemos nosotros, siervos de ese Siervo, andar por ese camino descendente? Esté seguro de que es el único que conduce a la alturas ... Los que por él pasan poseen almas radiantes y gozosas, rebosantes de la vida de su Señor. Han hallado que es verdad, tanto pora ellos como para Él, que el que se humilla será ensalzado [Lucas 14:11]."

Verdad Adicional

I Pedro 5:5-7
5 Igualmente, jóvenes, estad sujetos a los ancianos;
y todos, sumisos unos a otros, revestíos de humildad;
porque: Dios resiste a los soberbios,
Y da gracia a los humildes.
6 Humillaos, pues, bajo la poderosa mano de Dios,
para que él os exalte cuando fuere tiempo;
7 echando toda vuestra ansiedad sobre él,
porque él tiene cuidado de vosotros.

Reflection & Application

✎¿Cuáles son algunas reacciones que pueden indicar que usted no está actuando como un esclavo de otros para Jesucristo?

_____

_____

_____

Reflection & Application

✎¿Cuáles son algunas reacciones correctas para el tratato duro de los demás debido a que usted es un esclavo de Jesucristo?

_____

_____

_____

"Veamos ahora la gran importancia del arrepentimiento. No es por el sólo hecho de ser más humildes en el futuro, que llegaremos a tener vida abundante. Antes tenemos que arrepentirnos de actitudes y actuaciones pasadas en que todavía porfiamos aunque sólo sea el hecho de no querer pedir perdón. El Señor Jesucristo tomó forma de Siervo, no sólo para darnos ejemplo, sino para morir en la cruz por estos mismos pecados, y para que con su preciosa sangre abriera la fuente que los puede borrar. Pero esa sangre no puede ser aplicada a los pecados de nuestro soberbio corazón hasta que hayamos sido quebrantados, arrepintiéndonos de lo que hemos hecho y de lo que todavía somos. Esto significa que debemos permitir que la luz divina penetre hasta el más pequeño rincón de nuestro corazón y alcance a todas y cada una de nuestras relaciones. Quiere decir, que tendremos que ver que los pecados provenientes del orgullo que Dios nos mostrará, hicieron que Jesús necesariamente viniera del cielo y muriera en la cruz para que fueran perdonados. Significa no sólo confesarle y pedirle perdón a Él, sino también a otros, y eso sí que es verdaderamente humillante. Pero a medida que nos arrastremos por la puerta de los quebrantados, saldremos a la luz y gloria del alto Camino de santidad y humildad."

¿Usted verdaderamente merece algún derecho?

El Camino del Calvario

Guía por Bosquejo

Capitulo 9

El Poder de la Sangre del Cordero

El Poder de la Sangre del Cordero

"El mensaje desafiante de un avivamiento, según llega a muchos de nosotros en estos días, es penetrante en virtud de su gran sencillez. La verdad es que lo único que puede impedir en todo el mundo que el creyente ande victoriosamente en comunión con Dios, y esté lleno del Espíritu Santo, es el pecado en una u otra forma. Sólo el poder de la sangre del Señor Jesucristo puede limpiarle del pecado y darle libertad y victoria. De todos modos, es muy necesario que sepamos qué es lo que le da a su sangre el gran poder ante Dios a favor de la humanidad, para que podamos comprender bajo qué condiciones podemos experimentar en nuestras vidas su plena virtud."

"¡cuántas hazañas de los hombres y múltiples bendiciones atribuyen las Sagradas Escrituras al poder de la sangre de Jesús!"

- ◆ Se reconcilia al hombre con Dios - Colosenses 1:20
- ◆ Hay perdón de los pecados y vida eterna para todos los que depositan su fe en el Señor Jesucristo - Colosenses 1:14, Juan 6:54
- ◆ Satanás es vencido - *Apocalipsis 12:11*
- ◆ Hay una continua limpieza de todas nuestras maldades - I Juan 1:7
- ◆ Podemos ser libertados de la tiranía de una mala conciencia para servir al Dios vivo - Hebreos 9:14
- ◆ El más indigno tiene libertad para entrar en el santuario de la presencia divina y morar allí continuamente - Hebreos 10:19

I.   ¿De donde proviene su poder?

Apocalipsis 7:14
14 Yo le dije: Señor, tú lo sabes. Y él me dijo:
Estos son los que han salido de la gran tribulación,
y han lavado sus ropas,
y las han emblanquecido en la sangre del Cordero.

"No es 'la sangre del guerrero', sino ¡'la sangre del Cordero'! En otras palabras, lo que da a la sangre preciosa su eficacia ante Dios y los hombres, es la disposición mansa de Aquel que la vertió; siendo ella la suprema manifestación de su mansedumbre."

Verdad Adicional

Apocalipsis 5:11-13
11 Y miré,
y oí la voz de muchos ángeles alrededor del trono,
y de los seres vivientes, y de los ancianos;
y su número era millones de millones,
12 que decían a gran voz:
El Cordero que fue inmolado es digno
de tomar el poder,
las riquezas, la sabiduría, la fortaleza,
la honra, la gloria y la alabanza.
13 Y a todo lo creado que está en el cielo,
y sobre la tierra,
y debajo de la tierra, y en el mar,
y a todas las cosas que en ellos hay, oí decir:
Al que está sentado en el trono, y al Cordero,
sea la alabanza, la honra, la gloria y el poder,
por los siglos de los siglos.

A. Su <u>obra</u> - "... la de ser un sacrificio por nuestro pecado."
   *Juan 1:29

B. Su <u>carácter</u> - "Es el Cordero por ser manso y humilde de corazón, Mateo 11:29, benigno y pacífico, sometiendo siempre su propia

El Camino del Calvario - Guía por Bosquejo
El Poder de la Sangre del Cordero

voluntad a la del Padre, Juan 6:38, para que fuesen bendecidos y redimidos los hombres." "Otro que no hubiera sido el Cordero, habría pataleado y resistido ante el trato que recibió de los hombres." Sin embargo, en obediencia al Padre, y por amor a nosotros no lo hizo así, Filipenses 2:8.La gente hizo de Él lo que quiso, pero por amor a nosotros, él se sometió todo el tiempo.

Filipenses 2:5-8

5 Haya, pues, en vosotros este sentir
que hubo también en Cristo Jesús,
6 el cual, siendo en forma de Dios,
no estimó el ser igual a Dios
como cosa a que aferrarse,
7 sino que se despojó a sí mismo,
tomando forma de siervo,
hecho semejante a los hombres;
8 y estando en la condición de hombre,
se humilló a sí mismo,
haciéndose obediente hasta la muerte,
y muerte de cruz.

¡Qué diferente de nosotros!

Isaías 53:3-7

3 Despreciado y desechado entre los hombres,
varón de dolores, experimentado en quebranto;
y como que escondimos de él el rostro,
fue menospreciado, y no lo estimamos.
4 Ciertamente llevó él nuestras enfermedades,
y sufrió nuestros dolores;
y nosotros le tuvimos por azotado,
por herido de Dios y abatido.

5 Mas él herido fue por nuestras rebeliones,
molido por nuestros pecados;
el castigo de nuestra paz fue sobre él,
y por su llaga fuimos nosotros curados.
6 Todos nosotros nos descarriamos como ovejas,
cada cual se apartó por su camino;
mas Jehová cargó en él el pecado de todos nosotros.
7 Angustiado él, y afligido, no abrió su boca;
como cordero fue llevado al matadero;
y como oveja delante de sus trasquiladores,
enmudeció, y no abrió su boca.

"¡Todo por pagar el precio de mi pecado! Así, no sólo es el Cordero por haber muerto en la cruz, sino que murió en la cruz por ser 'el Cordero'."
"Miremos siempre esta disposición en la sangre, y que siempre que la mencionemos nos acordemos de la profunda humildad y total entrega del Cordero. Pues es ella la que da a la sangre su maravilloso poder."

Hebreos 9:14

14 ¿cuánto más la sangre de Cristo,
el cual mediante el Espíritu eterno
se ofreció a sí mismo
sin mancha a Dios,
limpiará vuestras conciencias de obras muertas
para que sirváis al Dios vivo?

"Este es el hecho que le da a la sangre de Cristo su poder con Dios a favor de los hombres, pues esa disposición ha sido siempre de supremo valor para Dios. Él busca sobre todo la humildad, la mansedumbre, y la entrega de la voluntad humana a Él. Fue para manifestar todo esto que Dios creó el primer hombre. Él rechazo a andar por esta senda constituye su primer pecado, y desde entonces sigue siendo la base de éste. Jesús vino a la tierra para devolver esta disposición en el hombre, y fue precisamente porque el Padre vio tal disposición, que pudo decir: ... Este es mi Hijo amado, en quien tengo complacencia, Mateo 3:17. Fue por el derramamiento de su sangre que dicha disposición se manifestó tan supremamente. Por eso Dios la estima tan preciosa y totalmente eficaz para el hombre y su pecado."

Reflection & Application

✎ ¿Ha experimentado usted el poder de la sangre de Jesucristo que puede lavar sus pecados y darle vida eterna?

_____

_____

_____

II. **¿Cómo podemos <u>experimentar</u> todo su poder en nuestras vidas?**

"De seguro el corazón nos dará la respuesta, mientras miramos al Cordero inclinando su cabeza en el Calvario por nuestra culpa; sólo ..."

A. "<u>Teniendo</u> la misma actitud que le gobernó durante toda su vida ..."
*Filipenses 2:5-8, I Corintios 2:16

B. "<u>Doblando</u> la cerviz con espíritu quebrantado como Él lo hizo."
*Juan 19:30

"Todo el fruto del Espíritu Santo mencionado en Gálatas 5:22, 23: Amor, gozo, paz, paciencia, benignidad, bondad, fe, mansedumbre, templanza, ¿qué es sino la expresión del carácter corderino del Señor Jesús, con el cual el Espíritu nos quiere llenar? No olvidemos que el Señor Jesús, aunque exaltado al trono de Dios, sigue siendo el Cordero que quiere reproducirse en nosotros. Así nos lo enseña el Apocalipsis."

Reflection & Application

✎¿Cuáles son algunas acciones de una persona con el carácter del cordero?

_____

_____

_____

III. ¿Estamos dispuestos?

"Sólo cuando ese yo duro, inflexible, defensor de sus derechos y resistente a los demás, sea quebrantado podremos adquirir esa naturaleza mansa, tener el sentir del Cordero y su preciosa sangre nos podrá alcanzar con su poder purificador. Podemos orar largamente pidiendo limpieza por cierto pecado y para que la paz sea restaurada en nuestros corazones; pero si no estamos dispuestos a ser quebrantados respecto al asunto en cuestión y ser hechos partícipes de la humildad del Cordero, nada sucederá. Cada pecado que cometemos es el resultado de este indómito yo, que no quiere ceder en su actitud orgullosa. No hallaremos paz por medio de la sangre hasta que estemos dispuestos a descubrir el origen de cada pecado, y a cambiar completamente la actitud indebida que lo causó, mediante un arrepentimiento específico que tiene que ser siempre humillante ... Pero su importancia puede calcularse por lo que cuesta por nuestro orgullo corregirlas. Puede ser que Él nos muestre que ..."

Mateo 5:23-24
23 Por tanto, si traes tu ofrenda al altar,
y allí te acuerdas
de que tu hermano tiene algo contra ti,
24 deja allí tu ofrenda delante del altar, y anda,
reconcíliate primero con tu hermano,
y entonces ven y presenta tu ofrenda.

A. Hay necesidad de una <u>confesión</u> a determinada persona, o de una restitución

B. Tengamos que <u>achicarnos</u>, cediendo sobre alguna cosa nuestros supuestos derechos.
"Si Jesús no tenía ningún derecho, ¿los tendremos nosotros?"

C. "<u>Ir</u> a la persona a quien hemos hecho mal para confesarle el pecado, aun el peor de todos, 'nuestro resentimiento'.
"Jesús nunca se resintió de nada ni de nadie. ¿Tendremos nosotros algún derecho para hacerlo?"

D. "Ser <u>francos</u> con nuestros amigos para que nos conozcan tal como somos y podamos tener un verdadero compañerismo."

"Estos hechos podrán ser humillantes y todo lo contrario de nuestras acostumbradas actitudes de soberbia y egoísmo; pero así experimentaremos el verdadero quebrantamiento y seremos hechos partícipes de la humildad del Cordero. Cada vez que estemos dispuestos a hacerlo, su sangre nos limpiará de todo pecado y andaremos con Dios en vestiduras blancas, y corazones llenos de su preciosa paz." *II Corintios 4:10-11

Verdad Adicional

Colosenses 2:6-7
6 Por tanto,
de la manera que habéis recibido al Señor Jesucristo,
andad en él;
7 arraigados y sobreedificados en él,
y confirmados en la fe,
así como habéis sido enseñados,
abundando en acciones de gracias.

Reflection & Application

✎¿Hay un área en su vida que necesita corregir con Dios y con los demás, por lo que puede experimentar todo el poder de la sangre del Cordero y el control de la Paloma?

_____

_____

El Camino del Calvario

Guía por Bosquejo

Capitulo 10

La Decadencia Espiritual

La Decadencia Espiritual

"Nos hemos acostumbrado tanto, a condenar la soberbia y presuntuosa actitud del fariseo en la parábola de 'El fariseo y el publicano,' Lucas 18:9-14, que difícilmente podemos creer que su descripción es la nuestra."

Lucas 18:9-14

9 A unos que confiaban en sí mismos como justos,
y menospreciaban a los otros,
dijo también esta parábola:
10 Dos hombres subieron al templo a orar:
uno era fariseo, y el otro publicano.
11 El fariseo, puesto en pie,
oraba consigo mismo de esta manera:
Dios, te doy gracias
porque no soy como los otros hombres,
ladrones, injustos, adúlteros,
ni aun como este publicano;
12 ayuno dos veces a la semana,
doy diezmos de todo lo que gano.
13 Mas el publicano, estando lejos,
no quería ni aun alzar los ojos al cielo,
sino que se golpeaba el pecho, diciendo:
Dios, sé propicio a mí, pecador.
14 Os digo que éste descendió a su casa
justificado antes que el otro;
porque cualquiera que se enaltece, será humillado;
y el que se humilla será enaltecido.

I. El cuadro divino del corazón humano

A. Marcos 7:21-22

B. Gálatas 5:19-21

C. Jeremías 17:9

Efesios 4:20-24
20 Mas vosotros no habéis aprendido así a Cristo,
21 si en verdad le habéis oído,
y habéis sido por él enseñados,
conforme a la verdad que está en Jesús.
22 En cuanto a la pasada manera de vivir,
despojaos del viejo hombre,
que está viciado conforme a los deseos engañosos,
23 y renovaos en el espíritu de vuestra mente,
24 y vestíos del nuevo hombre,
creado según Dios en la justicia
y santidad de la verdad.

"Aquí pues, tenemos el cuadro descrito por Dios del corazón humano, del yo caído, del 'viejo hombre', como lo llama Pablo en Efesios 4:22; así sea el incrédulo o el más vehemente creyente."
"La verdad es que lo único bello que posee el creyente es Jesucristo. Dios quiere que reconozcamos este hecho como real en nuestra experiencia, para que con verdadero quebrantamiento y ansiedad, permitamos que Jesús sea nuestra justicia, santidad, y nuestro todo en todo. Así venceremos, y esto es victoria."

Reflection & Application

✎¿Cuál es la condición verdadera de su corazón?

_____

II. Haciendo a Dios <u>mentiroso</u>

    A.   <u>Hacerse</u> pasar por inocente - "Hemos estado viviendo en un mundo de ilusión."

Lucas 17:10
10 Así también vosotros,
cuando hayáis hecho todo lo que os ha sido ordenado, decid:
Siervos inútiles somos,
pues lo que debíamos hacer, hicimos.

"En realidad, él pensaba: Sin duda, esto es cierto respecto a los demás; y ¡aun este publicano lo está confesando! Pero Señor, 'en ninguna manera esto me toca a mí'. Al hablar así estaba haciendo a Dios mentiroso ..."

I Juan 1:8, 10
8 Si decimos que no tenemos pecado,
nos engañamos a nosotros mismos,
y la verdad no está en nosotros.
10 Si decimos que no hemos pecado,
le hacemos a él mentiroso,
y su palabra no está en nosotros.

"No obstante, yo creo que el fariseo era sincero al decir esto, pues se creía inocente y atribuía a Dios su supuesta inocencia al decirle: 'Te doy gracias. Sin embargo, la Palabra divina le acusaba aunque él no se daba cuenta. Pero no pensemos que el publicano que golpeaba su pecho y confesaba sus pecados era más pecador que el fariseo que había comprendido que lo dicho por Dios era la verdad con respecto a él, cosa que el fariseo no comprendía ... Él no había comprendido todavía que Dios no mira lo que está delante de sus ojos sino el corazón, 1 Samuel 16:7"

I Samuel 16:7
7 Y Jehová respondió a Samuel:
No mires a su parecer, ni a lo grande de su estatura,
porque yo lo desecho; porque Jehová no mira lo que mira el
hombre; pues el hombre mira lo que está delante de sus ojos,
pero Jehová mira el corazón.

Verdad Adicional

Proverbios 23:7a
7 Porque cual es su pensamiento en su corazón,
tal es él.

---

1. Dios juzga como <u>adúltero</u> al que mira a la mujer para codiciarle - Mateo 5:27-28
2. Dios ... considera el resentimiento y el odio como <u>asesinato</u> - I Juan 3:15
3. Dios ... a la envidia la ve como <u>robo</u>
4. Dios ... a las despreciables tiranías del hogar como los más <u>extorsionantes</u> y gravosos manejos de la bolsa.

"Tal vez hemos subestimado a otros que se han humillado por sus confesiones y las cosas que han tenido que arreglar en sus vidas. O, quizá nos hemos alegrado sinceramente de que hubiesen sido bendecidos. Pero de ninguna manera hemos sentido la necesidad de ser quebrantados nosotros mismos."

"Querido hermano, si creemos que somos inocentes y no tenemos razón para ser quebrantados, no es porque no haya nada, sino porque lo ignoramos. Hemos estado viviendo en un mundo de ilusión."

B. Afirmamos ... la [inocencia] de nuestros seres
    <u>queridos</u> - "queremos que también ellos vivan
    así [en un mundo de ilusión]"
    "Hay otro error en el que caemos cuando no estamos
    dispuestos a reconocer la verdad de lo que Dios dice
    del corazón humano, y es que no sólo afirmamos
    nuestra propia inocencia, sino también la de nuestros
    seres queridos ... Entonces, no sólo nosotros vivimos
    en un mundo de ilusión, sino que queremos que
    también ellos vivan así ,temiendo que éste se haga
    pedazos.   Pero la verdad es que los estamos
    defendiendo en contra de Dios, haciéndole a Él
    mentiroso e impidiendo tanto a ellos como a nosotros
    recibir bendición."

"Sólo un hambre profunda de comunión real y verdadera
con Dios, nos hará estar dispuestos a clamar a Él por su luz
reveladora, y a obedecer cuando nos sea concedida."

Additional Truth

Salmo 139:23-24
23 Examíname, oh Dios, y conoce mi corazón;
Pruébame y conoce mis pensamientos;
24 Y ve si hay en mí camino de perversidad, Y
guíame en el camino eterno.

Reflection & Application

✎Ha aceptado la verdad sobre quien es usted en la carne?

_____

_____

_____

III. Justificando a Dios

A. Aceptar Sus dichos - Justificar a Dios al admitir que había dicho la verdad acerca de él

B. Aceptar Su disciplina - Justificar a Dios ... respecto a todos los juicios disciplinarios que había traído sobre él

---

Verdad Adicional

Nehemías 9:33
33 Pero tú eres justo
en todo lo que ha venido sobre nosotros;
porque rectamente has hecho,
mas nosotros hemos hecho lo malo.

"La característica de una confesión real de pecado, es un verdadero quebrantamiento. Es confesar que mi pecado no es solamente un error, una falta o algo ajeno a mi naturaleza. Pues tales pensamientos y hechos no son la expresión verdadera de mi carácter, sino por el contario, algo revelado por el verdadero yo ,que manifiesta que soy el soberbio, corrompido e inmundo sujeto que Dios dice que soy. Que mi yo realmente tiene tales pensamientos y hace tales cosas. Con términos semejantes David confesó su pecado al orar ..."

Salmo 51:4
4 Contra ti, contra ti solo he pecado,
Y he hecho lo malo delante de tus ojos;
Para que seas reconocido justo en tu palabra,
Y tenido por puro en tu juicio.

"Cuando Dios nos convenza de que debemos hacer una confesión, no temamos pensando que eso implicará menoscabo para Jesús. Por el contrario, se da gloria a Dios por una confesión que declara que Él tiene razón. De este modo, llegamos a tener una nueva experiencia de la victoria por Cristo, ya que la confesión declara nuevamente que en mí, esto es, en mi carne, no mora el bien ... Romanos 7:18. Esto nos hace desistir de tratar de justificar nuestro incorregible yo, recibiendo a Jesús como nuestra santidad y su vida como la nuestra."

Reflection & Application

✎¿Aceptará la descripción de Dios de lo que es pecado y admite que merece Su juicio?

IV. Paz y Limpieza

"Pero el publicano, no sólo justificó a Dios, sino que también señaló el sacrificio en el altar, y halló la paz de Él y, por consiguiente limpieza del pecado. En el griego, sus palabras significan precisamente: 'Dios, sé propicio a mí, pecador'. La única manera conocida por los judíos de propiciar a Dios era mediante un sacrificio, y con toda probabilidad el cordero del holocausto diario se ofrecía sobre el altar en el templo a esa misma hora."

"Nadie llega al quebrantamiento sin que primero Dios le señale sobre la cruz del Calvario al Cordero divino quien por el derramamiento de su sangre quita el pecado. El Dios que de antemano declara lo que somos, provee primero el remedio para nuestro pecado."

Verdad Adicional

I Pedro 1:18-21
18 sabiendo que fuisteis rescatados
de vuestra vana manera de vivir,
la cual recibisteis de vuestros padres,
no con cosas corruptibles, como oro o plata,
19 sino con la sangre preciosa de Cristo,
como de un cordero sin mancha y sin contaminación,
20 ya destinado
desde antes de la fundación del mundo,
pero manifestado en los postreros tiempos
por amor de vosotros,
21 y mediante el cual creéis en Dios,
quien le resucitó de los muertos y le ha dado gloria,
para que vuestra fe y esperanza sean en Dios.

"Al confesarlos con verdadero quebrantamiento y poner mi confianza en su sangre, se borran y desaparecen. La paz de Dios viene luego a mi corazón, la comunión con Él se restaura, y ando con Él en vestiduras blancas."

"Mientras andemos con Él en la luz, nos Mostrará siempre los principios de lo que le contristaría e impediría el fluir de su vida en nosotros si los dejáramos pasar inadvertidamente. Cosas que son la expresión de aquel viejo y soberbio yo, para el cual Dios reserva solamente el juicio."

Verdad Adicional

Salmo 119:105
105 Lámpara es a mis pies tu palabra,
Y lumbrera a mi camino.

Verdad Adicional

Salmo 43:3
3 Envía tu luz y tu verdad; éstas me guiarán;
Me conducirán a tu santo monte, Y a tus moradas.

"Porque los tales, dice Dios moran con Él, 'en la altura y la santidad', Isaías 57:15, y experimentan el avivamiento continuo."

Verdad Adicional

Salmo 27:1, 4
1 Jehová es mi luz y mi salvación;
¿de quién temeré?
Jehová es la fortaleza de mi vida;
¿de quién he de atemorizarme?
4 Una cosa he demandado a Jehová, ésta buscaré;
Que esté yo en la casa de Jehová
todos los días de mi vida,
Para contemplar la hermosura de Jehová,
y para inquirir en su templo.

Verdad Adicional

Salmo 15:1-5

1 Jehová, ¿quién habitará en tu tabernáculo?
¿Quién morará en tu monte santo?
2 El que anda en integridad y hace justicia,
Y habla verdad en su corazón.
3 El que no calumnia con su lengua,
Ni hace mal a su prójimo,
Ni admite reproche alguno contra su vecino.
4 Aquel a cuyos ojos el vil es menospreciado,
Pero honra a los que temen a Jehová.
El que aun jurando en daño suyo, no por eso cambia;
5 Quien su dinero no dio a usura,
Ni contra el inocente admitió cohecho.
El que hace estas cosas, no resbalará jamás.

"De estas maneras, pues, podemos escoger, declarar nuestra inocencia y vivir sin bendición, secos del alma y alejados de Dios, o justificarlo a Él y entrar en la paz, la comunión, y la victoria por la sangre de Jesús."

Reflection & Application

✎¿Tomará una decisión ahora para volver continuamente a la Cruz de Cristo Jesús para recordar el pago y el poder de su sangre para su vida?

112

Los Otros Estudios Bíblicos y Libros
disponible por
Los Ministerios de Andando en la PALABRA
www.walkinginthewordministries.net

Matrimonio:
Un Pacto Delante de Dios

Diez estudios y materiales extras
para ayudar a una pareja
tener un matrimonio bíblico.

La Crianza con Propósito

Seis estudios
sobre la crianza bíblica.
Los primeros tres estudios se enfoquen en
la necesidad de los padres
de honrar a Dios con su niño.
Los últimos tres estudios se enfoquen en
cómo los padres tienen que representar
Dios Padre a su niño.

La Armadura de Dios
para las Batallas Diarias

Un estudio diario
para ayudar a los creyentes
a aprender y aplicar
los recursos espirituales
que Dios el Padre les da
para vivir la vida victoriosa.

**Los Componentes Básicos
para una Vida Cristiana Estable**

Cinco estudios explicando
la importancia de y como organizarse
en la oración,
el estudio bíblico,
las verdades bíblicas,
los versículos de memoria,
y la predicación.

**La Búsqueda
para la Mano de Dios en Mi Vida**

Un estudio de seis temas importantes
para que un creyente pueda ver
el cuidado y la dirección de Dios
en su vida.

El Corazón del Hombre

Un análisis Bíblico
tocante a la salvación,
los primeros pasos de la obediencia,
y la vida nueva.

¿Qué dice la Biblia sobre:
La Salvación?,
El Bautismo?,
La Membresía de la Iglesia?

Tres estudios sencillos
para investigar y repasar
la salvación
y los primeros pasos de obediencia
en la vida del creyente.

¿Quiénes Son Los Bautistas?
Según Sus Distintivos

Un estudio bíblico
de las ocho creencias básicas
de los Bautistas.

¿La Voluntad de Dios
es un Rompecabezas para Ti?

Un estudio y formulario bíblico
para encontrar la voluntad de Dios
para su vida.

CPSIA information can be obtained
at www.ICGtesting.com
Printed in the USA
LVOW04s1548200516

489248LV00019B/607/P